中考热点作家

深度还原考场真题，感受语文阅读题的魅力
一书在手，阅读写作都不愁

明天不
封阳台

杜卫东／著

中国出版集团有限公司

世界图书出版公司
上海　西安　北京　广州

图书在版编目（CIP）数据

明天不封阳台 / 杜卫东著 . — 上海：上海世界图书
出版公司 , 2024.3
（中考热点作家 / 李继勇主编）
ISBN 978-7-5232-0319-4

Ⅰ . ①明… Ⅱ . ①杜… Ⅲ . ①阅读课—中学—教学参
考资料 Ⅳ . ① G634.333

中国国家版本馆 CIP 数据核字（2024）第 003126 号

书　　名	明天不封阳台	
	Mingtian bu Feng Yangtai	
著　　者	杜卫东	
责任编辑	吴柯茜	
出版发行	上海世界图书出版公司	
地　　址	上海市广中路 88 号 9-10 楼	
邮　　编	200083	
网　　址	http://www.wpcsh.com	
经　　销	新华书店	
印　　刷	天津市天玺印务有限公司	
开　　本	700mm×1000mm　1/16	
印　　张	14	
字　　数	174 千字	
版　　次	2024 年 3 月第 1 版　　2024 年 3 月第 1 次印刷	
书　　号	ISBN 978-7-5232-0319-4/G・826	
定　　价	39.80 元	

前　言

随着语文考试内容的改革，阅读的重要性逐渐凸显出来。近年来阅读题的比重在中考考试中不断加大，阅读内容也越来越丰富，天文、地理、历史、科技等均有涉及；同时，体裁呈现多样化，涵盖散文、戏剧、小说、新闻等。文章涵盖面越来越广，意味着对学生阅读能力的要求越来越高。所以我们应该清晰地认识到，阅读能力的高低直接影响分数，如果阅读能力不过关，那么考试成绩肯定不会理想。

"读不懂的文章，做不完的题"一直是中学生面临的难点和困境。这就要求学生不能停留在过去的刷刷考卷、做做练习题，或是阅读一两本课外书的阶段，而是要最大限度地提升阅读能力，理解文章作者和出题人的意图，只有让学生进行大量有针对性的阅读，才是最切实有效的方法。

语文知识体系的构建和语文素质的养成，既需要重视课堂学习，又需要重视课外积累。那课外积累应该怎么做呢？高质量的课外阅读是非常有效的，这已经成为提升学生"综合竞争力"的有效手段。因此，我们策划出版了"中考热点作家"课外阅读丛书，为广大中学生提供优质的课外读物。

这套系列丛书共 10 册，每册收录一位作者的作品，选取了该作者入选省级以上中考语文试卷、模拟卷阅读题的经典作品，以及该作者未入选但适合中学生阅读的作品，帮助学生扩大阅读面，对标中考。书中对每篇文章进行了赏析、点评和设题，能够助力学生阅读，有利于提升学生的文学素养、答题能力和答题速度。

本系列丛书收集了在国内中考语文试卷阅读题中经常出现的 10 位"热点作家"杜卫东、蒋建伟、刘成章、彭程、秦岭、沈俊峰、王若冰、杨文丰、张庆和、张行健的优秀作品。这些"热点作家"入选中考语文试卷阅读题的作品多以散文为主，他们的作品风格多样，内容丰富，但都具有很高的文学价值和浓郁的时代气息。这些作品不仅对中学生阅读鉴赏能力和写作水平的提升有促进作用，还对中学生的生活和学习具有启迪和指导意义，我们相信这套丛书会受到广大师生的喜爱和欢迎。

　　新中考背景下的语文学习，阅读要放在首要位置。事实上，今后的中考所有学科都会体现对语文水平的考查。不仅是语文试卷增加了阅读题的分量，其他学科也越来越注重对学生阅读理解能力的考查。提升阅读能力是一项任重道远的工作，重在培养兴趣，难在积累，贵在坚持。只要持之以恒，一定会有意想不到的收获。

目 录
CONTENTS

第三辑　放下匆忙的脚步

第四辑　放飞遐想的心

第一辑

冬日里的暖阳

爱真理，忠实地生活，这是至上的生活态度。没有一点虚伪，没有一点宽恕，对自己忠实，对别人也忠实，你就可以做你自己的行为的裁判官。

——巴金

作家带你练

【2019—2020 八年级语文下册第 3 单元综合测试】

阅读下文，回答问题。（26分）

永远的微笑

①每天，他都在住家附近的使馆区里晨跑。

②北二条是一条横街，两边绿树成荫，中间砖石铺地，笔直而又平坦。跑到这里时，他便倒着跑。他从一篇文章中读到，一切逆向运动都对身体极有好处，这样跑了一段时间，感觉的确不错。

③倒着跑时，他超过的一个个路人便直接与他面对了。

④他发现了一个很有意思的现象：除了孩子，几乎所有的男女面对他时，都是一副冷若冰霜的表情。时髦女郎还会故意把目光抬高，把脸上的表情冷冻，把脸微微扭向一侧，似乎不这样便不足以显示其高贵与不屑。心情好的时候，他觉得很可笑，又没有谁向你献上一枝红玫瑰，这副清高的样子做给谁看？心情不好的时候，他也会把脸狠狠扭向一边儿，那"潜台词"很明显：瞧你那样,谁稀罕看你!

⑤那天是阴天，可是似乎云翳中透出一抹阳光，倒着跑的他被刚刚超过的一个女孩儿惊呆了。她太美了，明眸皓齿、秀发披肩，

一身白色的西服套裙把一个青春女孩儿特有的曲线展示出来，尤其是那轻盈的步态，那被晨风轻轻吹起的长发，更使人感到了她身上洋溢出来的活力与安详。

⑥当然，如果仅仅如此，他会很快把目光移开，他不是那种轻薄的男人，自然也不愿意遭遇鄙视与轻蔑的目光。促使他的目光在女孩儿身上多停留了一会儿的全部原因在于：那女孩脸上友善的、纯真的、甜美的微笑。

⑦跑出一段距离了，他还为女孩儿的微笑所陶醉。他在想，那女孩儿是冲自己微笑吗？应该是。因为除了他，并没有其他人面对女孩儿。确认了这一点，他有些后悔，既然那微笑是送给自己的，为什么自己竟绷着脸，没有以微笑回报呢？

⑧好在，这以后他常常在这条路上看到白衣女孩儿。

⑨他不再绷着脸了。女孩儿冲他微笑，他还报女孩儿以微笑。虽然，这一切都是在瞬间传递的，因为他跑出几步后，两人便拉开了距离。但是那微笑常常可以使他陶醉一个上午，甚至一整天，使他的心境变得明快、开阔，有如初秋湛蓝的远天。

⑩那天骑车出门，被一个"冒失鬼"险些撞倒，要是往常，免不了一番对骂，可是他只说了句："哥们儿，悠着点儿！"那年轻人闻言，歉疚地一笑，两人立即化干戈为玉帛了。还有一天在班上，他听到两个同事在小声议论自己，要是在往常，早急了。这回他没有生气，蹑手蹑脚走到两人背后，"呔"大叫一声，两人吓了一大跳，他哈哈大笑几声，走了。

⑪——心情好真好！

⑫应该谢谢那个白衣女孩儿，和她好好聊聊，随便说点什么！可是，以什么方式接触她才不显唐突呢？超过她时递她一张名片，名片上注明见面的时间、地点？不好，太矫情；那么，假装在她面

前摔一跤，她肯定要过来搀扶自己，这样就可能顺理成章地搭讪了。想想，也不好，有点虚伪！

⑬就在他踌躇的时候，女孩儿主动了。那天，他超过女孩儿时，女孩儿在给了他一个纯真的微笑时做了一个篮球比赛中"暂停"的手势。

⑭于是，他停下了。

⑮——"你好。"

⑯——"你好！"

⑰——"你这样跑了很长时间吗？"

⑱——"是，跑了很长时间。"

⑲——"明天，我就要回国了，向你做个告别。"

⑳回国？他蒙了。原来，女孩儿是新加坡的留学生，住在附近的一个公寓里，她喜欢这条小街，所以每天走过这条小街坐 302 路小巴，去人民大学读书。

㉑——以前为什么没有见过你呢？

㉒——以前？以前我住校。前不久，父母来了，我陪他们一起住几天。

㉓原来如此。不知为什么，他忽然觉得有点惆怅，一下子像失落了点什么，心中涌出几丝伤感，声音也幽幽的像一缕秋日的风："白衣女孩儿，能告诉我你的名字吗？"

㉔"白衣女孩儿？真有意思，你就记住一个白衣女孩儿不好吗？"

㉕是的，干吗一定要知道名字呢？人生无常，聚散离别本如日落日出、潮涨潮退啊！于是，他伸出手："祝你一路顺风。你走了，你的微笑会永远留下！"……

㉖一切恢复如初。

㉗他倒跑时超过一个个路人：老人依然冷漠，小姐依然高傲。

他想起了白衣女孩儿，脸上便不由得溢出真诚的笑容，渐渐地，奇迹出现了：先是老人报以友善的微笑；继而小姐们也解除了脸上的冷漠……

㉘他笑得更由衷了，因为他深刻地领悟到了一句格言——只要我们心中珍藏起一份美丽，生活就是最美丽的享受。

1. 给下列加点字注音。（4分）

云翳（　　　　　　）　　　　明眸皓齿（　　　　　　　　　）

湛蓝（　　　　　　）　　　　歉疚（　　　　　　　）

2. 在文中的第五段找出对白衣女孩儿外貌描写的句子。（2分）

_____

_____

_____

3. 文中的"我"的目光在女孩身上多停留一会儿，仅仅因为女孩的外貌美丽迷人吗？（用文中的话回答）（2分）

_____

_____

_____

4. "那微笑常常可以使他陶醉一个上午，甚至一整天。""他"为什么会这样？说说你的看法。（3分）

_____

_____

_____

5. "他"是怎样对待差点把他撞倒的"冒失鬼"和背后议论他的两个同事的？写这些说明了什么？（4分）

_____

_____

6. 女孩儿回国了，一切恢复如初，后来，"渐渐地，奇迹出现了：先是老人报以友善的微笑；继而小姐们也解除了脸上的冷漠……"。为什么会有这样的变化？（4分）

_____

_____

7. 你如何理解"只要我们心中珍藏起一份美丽，生活就是最美丽的享受"？（4分）

_____

_____

8. 读了这个故事，你得到了什么启示？用生动的语言表述出来。（3分）

_____

_____

名师带你读

明天不封阳台

名师导读

　　如今，在都市生活的人住在高楼大厦，享受着车水马龙的便捷生活，却远离大自然母亲的怀抱。一只受伤的鸽子在阳台落脚，带来了那种久违的感觉，给人带来些许的、与自然亲密接触的时光。

明天要封阳台。

①我和儿子站在阳台上，从 12 层的高处眺望着沐浴在晚霞中的都市。十年前，我们搬进这座高层建筑时，还依稀可辨往日的荒芜；如今，鳞次栉比的高楼和变幻莫测的霓虹灯已经把萋萋的荒草、幽幽的土路永远留给了昨天的记忆。都市原来也如人一样在不断地发育，等我们倏然领悟到它的变迁时，往昔的一切已如

❶ 开头这段描写，通过十年来周围建筑的变化，突出城市日新月异的高速发展，也渲染一种远离自然、喧嚣拥挤的都市生活的氛围。为下文中突然出现的鸽子做铺垫。

渗入泥土中的老酒……

闲置后放在阳台上的一只书架下，忽然传出几声"咕咕"的叫声，十岁的儿子弯下腰，稚嫩的脸颊立即灿若朝霞："呀，鸽子！"我蹲下身子，果然见一只鸽子蜷缩在书架底下，正瞪大惊恐的眼睛望着我们。它扑打了几下翅膀却未曾飞走，就在它的羽翼开合时，我们见到了它正在孵育的两只鸽蛋，看到了它翅膀上的一块血痕——那分明是有人在它飞翔时用气枪打伤的。

这不是一只名贵的鸽子：灰色，嘴大且长，名贵的鸽子该是杂色。我不知道，它是因为太普通而被主人遗弃的家鸽呢，还是因为负伤又有了"身孕"才不得不中途耽搁下来的野鸽？

"爸爸，明天还封阳台吗？"

儿子惊喜地望着鸽子，但语气中却充满了忧虑。仿佛突然走进一个新奇的世界，而这个世界会因为我的"强权"瞬息即逝，使他来不及领略其中的瑰丽。

是的，明天还封阳台吗？封了阳台，虽可以阻隔住城市的喧嚣，新辟出一块活动的空间，但是，这鸽子便没有了安身立命的场所。我知道，无论孵化能否成功，鸽子迟早要飞走；但不知为什么，在内心深处却特别希望它能在我家的阳台上多逗留一些时日。

细想起来，这世界的变化实在太快，城市人曾经引以为豪的一切仿佛在一夜之间都变得暗淡无光了。他们开始疏远高档礼帽、海味山珍、名牌西装，而去戴未曾精细加工的竹笠，去吃山村野生的菜蔬，去穿磨得发白的牛仔服；他们开始厌烦霓虹灯、广告牌、车水马龙，而企盼着能有这样一个去处可细细地品味人生：一条小溪潺潺穿过庭院，几株古柏飒飒挺立风中，油灯一盏，供闲来对弈；山风阵阵，传鸟叫鸡鸣；远处群山逶迤，天高云淡；近处荷叶田田，垂柳依依……是人们眷恋山村的简陋与荒芜吗？不，是山村依然保存的那一片自然的风情，一缕返璞归真的情愫牵动着人们的心弦。

①鸽子见我们没有伤害它的意思，重新安静下来，它伏在蛋上，眼睛紧紧盯着我们，目光是那样令人怜爱，使我不由想起了冯至深情的诗句："驯美的白鸽儿／来自神的身旁，它们引示我翘望着／迷离的故乡。"——这故乡，该不是地域的概念，而是一种情感的归属吧？

人，本是自然界的一部分。但人们仿佛走进了一个怪圈、一个悖论：一方面，人用自己的双手创造了辉煌的物质文明，同时，因为物质文明的高度发达，又日渐与自然界相分离，于是，人们在精神上便有了一种失落感。②那一年，我去内蒙古草原参加一个笔会，当汽车进入茫茫草原的深处时，但见草原无际与苍天相连，天地相接处，依稀传来牧羊人的歌声。远离了车流、高楼和霓虹灯的我们，竟情不自禁地趴在地上，大声喊着："我回来了！"仿佛我们不是第一次来到这个陌生的所在，而是游子终于回到了久别的故乡，那份情感真是说不清，道不明。随后便把耳朵贴近地面，仿佛在倾听着大地母亲的心音。我是谁？从哪里来？

❶ 通过引用冯至的诗——"驯美的白鸽儿……迷离的故乡"，将白鸽当作代表大自然的符号，与故乡相联系，引出下文中关于人类是自然界的一部分，大自然是人类故乡等的讨论。

❷ 作者的思绪从鸽子联系到内蒙古草原的笔会，通过"我们"对草原喊"我回来了"这件事，表现了人类本性中对大自然的亲近和向往。

又到哪里去？这些看似奇怪的问题困扰着每一个现代人，回归大自然，已是现代人普遍存在的一种心理趋势。

当然，像阿米什人那样重新回到农业社会自给自足的生活方式中去，显然是我们所不愿意的。据说，在与纽约这座繁华都市咫尺相隔的兰开斯特县，居住在木屋里的阿米什人不用电灯，不用电话，纺织耕作，自给自足，拒绝一切现代文明，固守着自己的精神堡垒。我们自然不必去效仿他们，但是，我们能不能用心去贴近自然呢？爱护所有的自然造化，爱护一切有益的生命。酒楼门口，不再有被囚于笼中的珍禽；集市摊头，不再有被高声叫卖的青蛙；鸽子飞过秋日的天空，我们不再射出铅弹；蜻蜓掠过夏天的裙边，我们不再张开捕网。人，只能与自然和谐相处，而不能总以自然的征服者自居。因为在剥夺自然资源的同时，人类也在毁灭着自己。

①不知什么时候，儿子拿来了一把布条，要帮鸽子做窝，又找来了水和玉米粒，用作鸽子的晚餐。儿子十岁了，在这座楼房中长大。原来楼前有一块草坪，蹒跚学步的儿子在这块草坪上练习过走路；在夏季的草坪上捉过蚂蚱。在一片水泥的高大建筑群中，这块草坪仿佛是一个极乐的伊甸园，曾给儿子留下了多少温馨的记忆。可是忽然有一天，来了一个施工队，机器隆隆响了两天后，草坪没有了，取而代之的是滑梯、跳跳床和电子游艺室。再也捉不到小虫的儿子，对眼前的这位"不速之客"，似乎寄予了更多的关注与爱怜……

❶ 儿子积极地为鸽子准备窝和粮食，体现了儿童天性中对小动物的亲近，与成年人对动物的掠夺残害形成鲜明对比。

①我忽然觉得，这只鸽子绝非偶尔落脚，它分明是大自然派来的一位使者，那"咕咕"的叫声，那带血的翅膀不正在向我们倾吐着什么吗？多少年了，我们太习惯去探寻大自然的意义，而往往忽略了大自然本身的叙说。其实，那咆哮的洪峰，那焚毁的山林，那流失的水土，那龟裂的农田，分明是大自然向人类发出的一次次呐喊，一声声哭诉！

我决定明天先不封阳台了。为了可爱的鸽子不受到惊扰，为了儿子能有一个新结识的"朋友"，也为了它带给我的那一片恬淡和谐的思绪，这思绪如同一片白云，飘浮在我心灵的天空上，使之变得宁静而高远……

❶ 作者由鸽子的叫声和带血的翅膀联想到焚毁的山林、流失的水土、龟裂的农田，将鸽子落脚这件小事上升为整个大自然对人类的警示，升华了文章主题。

延伸思考

1. 文章第一段有何作用？这与封不封阳台有什么关系？

_____

_____

2. 文章的第十段插入了"去内蒙古草原参加一个笔会"的事情，有何作用？

_____

_____

3. 文章最后一段有何作用？

_____

_____

飞天落脚的地方

名师导读 ▶

　　千年的文明史，在中国古老而辽阔的土地上留下了无数的遗迹。《飞天落脚的地方》是作者杜卫东浏览敦煌石窟后有感而发的巨作，今天我们就跟随杜卫东来领略祖国的名胜古迹吧。

❶ 作者先将敦煌比作艺术宝库，形象地指明了敦煌的价值，而"太平庸"则强调了敦煌的价值远不止如此。

❷ 通过著名画家对众人看到壁画时久久不动的状态的描述，间接表明了壁画精妙绝伦，令人震惊。

　　① 说"敦煌是一座艺术的宝库"，实在是一句太平庸的赞词了。可是，不平庸又当如何呢？即便聚天下文人之力，竭尽文采，扯蓝天白云作纸，来尽情描绘敦煌石窟的绚丽与奇巧，怕也是一瓢之于东海吧？

　　所以，从敦煌回来月余，我未着一字。不是不想写，而是不敢写。且不说我于绘画一窍不通，就是声名远播的名家大师，面对用金粉五彩绘就的敦煌壁画不是也呆若木鸡了吗？ ② 日本著名画家平山郁夫曾这样形容他们看到壁画的情景：一个个仿佛被施了魔法，久久站立，哑然失声。许久，才带着哭泣般的声音叫了一声："啊，真了不起！"

啊，真了不起！——只几个字，简单平常，毫无文采，卖浆引车者流[1]皆可脱口而出。可是，谁又能否认它所蕴含的博大与精深呢？

徜徉于敦煌石窟，说是一步一莲花，一石一尊佛并不为过。面对以佛教经典故事为主要表现内容的敦煌壁画，我是一名虔诚的香客，只是不知道，这一束心香该插在哪里才是。

对话弥勒

我在九十六号窟中伫立。

① 九十六号窟是敦煌最大的石窟，其中供奉的弥勒佛高度为 35.5 米，乃全国泥塑大佛之冠。只不过，这座弥勒佛和我们常见的那个笑容可掬，布衣大肚，随地而卧的弥勒佛不同：他呈坐姿，两腿自然下垂，两脚着地，双手支在腿上，目光下视，其势高大威严。加之容纳大佛的洞窟是一个高耸的空间，下大上小，石窟向上弧转收小，下部的平面为方形。站在窟底仰视大佛，越发感觉空间高耸，大佛威严，天地悠悠，人生渺小。

② "弥勒"为梵文音译，汉文译为"慈氏"，是佛教的未来佛。据说他降世成佛后会出现太平盛世：雨泽随时，谷稼滋茂，树上生衣，寒暑自用，人寿八万四千岁，女子五百岁才出嫁。这样一个虚幻美妙

❶ 作者在这里巧妙地运用了列数字的说明方法，不仅可以使所要说明的事物准确化，还方便读者更直观地感受和理解。

❷ 作者在这里详细地讲解了"弥勒"的含义、弥勒佛给人间带来的太平盛世，以及九十六号窟的建造背景，给读者揭开了一层神秘的面纱。

[1] 卖浆引车者流：在这里是指拉大车的、做小买卖的这类人，指平民百姓。

13

的世界自然令人憧憬，所以世人急切希望弥勒能够早日下生成佛，降福人间。唐高宗去世后，武则天趁机自称是弥勒下世，登基称帝。九十六号窟就是在这样的背景下建造的。

这以后，每逢农历四月初八的佛诞日，四方百姓便拖家带口，携带供品前来九十六号窟烧香拜佛。

且让我们穿越时空的隧道，来见证一下当时的盛况——

祭拜开始，青衣布履的和尚击鼓鸣钟，口中念念有词。他们或稚气未脱，或满脸沧桑，皆微闭双目，肃穆庄严。钟鼓之声悠然响起，一声紧接一声，穿越众僧虔诚的祷告，穿越人们饥渴的心灵，在长天大漠间回响。①据说，鼎盛时期每日前来祭拜的人有数万之众，前后一个礼拜络绎不绝，可见人们企盼天降甘露、佛赐恩泽的愿望是何等迫切。不过，战乱与灾荒并没有因为人们的美好愿望而揖别人世。随着丝绸古路的逐渐衰败，敦煌石窟也一度荒草萋萋，路断人稀。

②此刻，正是日落时分，九十六号石窟外，夕阳衔着最后的余晖渐渐坠入与罗布泊相接的浩瀚沙漠，几抹余光透过宽敞的窗子洒在威严的大佛身上。在阳光的余晖中，弥勒佛右手上仰，左手平伸，深邃祥和的目光，略显迷离，似乎端坐千年终有些倦怠。我抬头仰望大佛，正好与他下视的目光对接。于是，忙双手合十，闭目屏息，于冥冥之中开始了与大佛穿越心灵的对话——

❶ 作者叙述了鼎盛时期祭拜的人数之多、祭拜的时间之久，进一步说明了人们对弥勒佛的虔诚，以及对佛泽的期盼。

❷ 作者在这里详细地描写了日落时分，大佛在余晖下的姿态，给读者带来了充满神秘感的境界。

请问：大千世界，人何以知未来，并修得来生？

佛答：茫茫大千，无始无终。今生即往世之未来，未来即今生之因缘。现世的一切欲望转瞬即为烟云，留存未来的只有人心而已。

再问：何当以解？

①佛又答：世间没有东西一成不变，诸法因缘生，诸法因缘灭。往事之因缘导致今生之状况，现世之行为决定未来之去向。故佛法以为，因果是修得未来的舵手。此间，众生业力不可思议，果报亦不可思议。悟得了众生即佛，也就悟得了佛法的真谛。众生所系亦即未来，修得今生即修得来生。

佛言禅意颇深。吾生愚钝，终不得详解。再想发问，暮霭四合，阳光尽收，威严肃穆的大佛逐渐被夜色淹没。他望着我的目光似乎蕴含深意，竟以一语中断了冥冥中的对话——去看看前殿堂的几层石砖吧。

②这几层石砖莫非藏有玄机？我知道，那是1999年10月，敦煌研究所为了配合九十六号窟埋设电缆，在挖掘中发现的初唐、西夏和元、清两代铺设的洞窟地面。这几层地面高低相差一米，也就是说从初唐至清代上千年间，石窟共计修缮了四次。每次重修后因为风沙太大，虽有僧人打扫，但日积月累，地面都抬高了几十厘米。敦煌研究所的考古人员在把这些珍贵的地面清理保存时，每一层都在原处留存了几块，依次在前殿堂左侧用玻璃罩着，供游人凭吊。

③我俯身细细地揣摩着这几层石砖。

❶ 作者借用佛的回答来解释"无始无终""今生即往世之未来，未来即今生之因缘"等佛法大道理。

❷ 巧妙地运用疑问句，引起读者的思考与好奇心，这样可以让读者跟紧作者的思路阅读。

❸ 动作描写，从这一句话中可以看出作者对石砖的兴趣很大。"细细揣摩"进一步说明了作者对石砖的兴趣之深。

15

❶ 从石砖联想到了工匠，联想到了他们的音容笑貌，悲欢离合，抒发了作者对敦煌石窟的建造，对岁月的无限感慨。

我惊异地发现，砖上的花纹清晰可见，即便是最下一层的唐代地面，也完好如初，时间的流水竟没能在上面冲刷出多少痕迹。其实，敦煌石窟多经修缮，许多已并非原样了，唯这几层石砖静静地铺在那里，上千年间没有被人做过任何修饰。<u>①望着这几层石砖，我想象着制作和铺设它的工匠。他们的音容笑貌，他们的悲欢离合，竟在我的记忆深处一点点复活。</u>上下相距一米，历经却是千年。千年的黄沙古道，千年的岁月流逝，埋藏了多少朝代更迭，争战讨伐，湮灭了多少英雄梦想、壮怀激烈？不是吗？武则天以弥勒自比，自加尊号为"慈氏越古金轮圣神皇帝"，妄想开创千载之基业，享受万代之香火；虽不无建树[1]，终因重用酷吏，滥加杀掠，晚年又荒奢无度、纵情声乐，在位十五年后不是就被迫颁布了"退位诏书"吗？她炼丹求道，追求长生不老的做法也被后世传为笑谈。正所谓，诸法因缘而生，诸法因缘而灭。因果才是修得未来的舵手啊！倒是这几层由历代工匠精心制造铺设的石砖，默默地见证着世间运命怎样由人的行为所决定。<u>②它在告诉人们，尘世万物皆为过眼烟云，唯人心可以穿越时空而进入永恒。乞求来世，不如修好今生！</u>

❷ 这是一句十分有哲理性的话。它告诉我们做人的道理：什么都祈求来世，还不如把今生做好，做一个问心无愧的人。

不知道我的解悟是否牵强？可惜弥勒无语，已在塞外大漠的茫茫夜色中入定参禅了。

馒头柳

❸ 提出问题，询问情况，不仅能引起读者的阅读兴趣，在全文中还起到了过渡作用。

③我不明白，每天拜访敦煌的游客成千上万，为

[1] 建树：在这里是指建立不朽的功勋或在事业上有很大的成就。

什么没有为它留下一行赞美的诗文呢？

比起"沙不平铺，堆积而起伏，低者十米八米不等，高则二百米三百米直指蓝天，垅条纵横，游峰回旋"的鸣沙山，它确无惊人之貌；比起"其水澄澈，深不可测，弯环形如半月，千百年来不溢，不涸"的月牙泉更无神奇之处。① 可是，就是这样一棵盈盈碧绿的柳树映入我的眼帘时，我的心竟倏地一颤，仿佛在满耳西北大汉的高亢秦腔之后，又聆听到了皓齿吴娃的一曲牙板清歌。

那是我们观赏了月牙泉、鸣沙山，踏上归途的时候。汽车驶离山脚，行不多远，一棵枝繁叶茂的馒头柳突兀地挺立在茫茫沙海之中。此刻，夕阳正衔着无限的依恋，把无数条金丝线抛向喧嚣的尘世。在落日的余晖中，漫漫黄沙披金戴玉，反射出耀眼的光晕。② 就在这金黄的世界里，一棵生意盎然的绿柳迎风摇曳着它那一头碧绿的枝条：傲然、淡定，从容而又执着。

我惊呆了！不由想起千佛洞的缘起：公元366年，手持锡杖，云游四野的乐僔和尚来到三危山，正在峰头茫然四顾，准备找个地方栖宿，忽然眼前金光万道，云蒸霞蔚，似有千佛跃动。他双膝一弯，长跪不起，发出宏愿在此筑窟造像，再现眼前圣景。我想，这黄风大漠中的绿柳突然映入我的眼帘，莫非也如那一山佛光，是在向我昭示着什么？于是，我忙叫司机停车。③ 我不敢近前打扰，就悄悄摇下车窗，默默地向它注目致意。当地的朋友见我对它痴迷，才有些惋惜地告诉我，除了拍摄它的照片获得过全国摄影大奖以外，

① 因为看到一棵柳树，仿佛听到了西北大汉的高亢秦腔和皓齿吴娃的牙板清歌，充分体现了作者想象力丰富，且颇有感慨。

② 拟人修辞，作者将柳树拟化成一个傲然、淡定，从容而又执着的人，增强语言的美感和表现力，使句子更生动、形象，表达了作者对这一事物的喜爱之情。

③ 细节描写，从这里我们可以看出作者对这棵大柳树的虔诚之心。

还没有一个文人为它留下只言片语。

我惶惑。是因为它的孤独吗？或许，它的震撼正在于它的孤独啊！倘若这茫茫沙海里有齐刷刷的一排垂柳，虽也壮观，却只会令人欢愉，而不会让我驻足沉思。① "花间一壶酒，独酌无相亲。举杯邀明月，对影成三人。"孤独作为一种生命形态，呈现给我们一种别样的意韵。"人生的第一件大事是发现自己，因此人们需要不时地孤独与沉思"，说这话的挪威人南森一定是有感而发，他所以在北极探险和动物学等方面取得了非凡的成就,孤独或许正是他成就的"催生婆"[1]呢！仰望璀璨的星空，哪一个事业有成的饱学之士，终日于酒席宴上虚与委蛇，在名利场上博弈争锋？所以赫胥黎才如此断言："越伟大越有独创精神的人越喜欢孤独。"

② 孤独，有时和雄浑同义。比如，面对这棵大漠中的馒头柳，谁能说只有泰山绝顶、黄山云海、八月十八的钱江潮、蜿蜒万里的古长城，才配称雄浑？这棵生意盎然的馒头柳难道不也是对雄浑的最好解读吗？雄，强有力；浑，奋不顾身也。它传递给人们的不是一般的美感，而是当生命力受到阻遏后洋溢迸发的振奋感，面对险恶的生存环境奋起抗争而涌动于胸的勇气和自豪。③ 在干旱的沙漠，这棵馒头柳靠深植于沙漠间的根须一点一点地汲取着水分，然后把它输送给碧绿的枝条，绽放出一团生命的璀璨，令人叹为

❶ 作者借用李白的诗句来表达自己看到馒头柳时的感想，为文章锦上添花。

❷ 作者采用举例子的写作手法，拿馒头柳与泰山、黄山、钱塘江、长城这些闻名中外的地方相比，进一步突出了馒头柳雄与浑的特点。

❸ 虽然馒头柳的生活环境十分贫瘠，但馒头柳在面对险恶生存环境时坚韧执着的品质令人奋发前进，拥有永不认输的勇气。

[1] 催生婆：指无医师资格而帮助妇女分娩的女人，在这里是指促使挪威人南森有很大成就的正是孤独。

观止，浮想联翩。面对着它，身处顺境的人应该更加奋发；身处逆境的人也会触景生情，感悟顿生，重新焕发出抗争的勇气。

孤独，不同于寂寞。寂寞是一条狭窄的甬道，两边枯草离离、残花落败；而孤独则是一条五彩云虹，蓝天为衬，气象万千。

孤独，更不同于空虚。①空虚，是一件落魄的衣衫，它使你在别人鄙夷的目光中内心战栗，在自我否定的心境里精神萎靡。而孤独则是一袭豪华的裘皮大氅，在朔朔寒风中，你因为它而温暖；在明枪暗箭前，你因为它而坚强。

❶ 比喻修辞，作者把空虚比喻成落魄的衣衫，把孤独比喻成豪华的裘皮大氅，生动形象地写出了孤独和空虚的区别。

孤独，是令人享受的。现代人逐渐被变幻万千的社会生活物化，通往生命终点的每一处驿站都挤满了为登上华丽动车而争抢五彩车票的人群。一生之中难得有属于自己的宁静与淡泊。孤独，却给了我们省察自己内心的可能、与心灵对话的空间。享受孤独，就是不为世象的浮华所诱惑，按照内心的呼唤，守护好自己的信念，让人生多一份属于今天的精彩；享受孤独，就是不被内心的孱弱所击倒，厘清[1]岁月的航道，由思想的烛光引领，执着地走向生命的既定目标。

如果说，聚会是众人的孤独；那么孤独就是一个人的盛宴。这棵馒头柳够有造化了，它在滚滚黄沙之中生长得如此健硕，一定是尽得大地之灵性，日月之精华。它与鸣沙山为邻，月牙泉为伴，日观黄沙漫漫，

---

[1] 厘清：指梳理清楚。

夜听泉水潺潺，在极其恶劣的自然生态环境中，绽放着生命的绚丽。①它多像一位襟怀博大、品德高洁的智者，默默地向希望读懂它的人诉说着人生际遇、世事无常……

① 拟人修辞，作把馒头柳当作一位襟怀博大、品德高洁的智者，生动形象地表明了作者对馒头柳的高度评价。

王道士

②记述敦煌，无法回避王道士。

王道士就像一道坎，绕过他，博大精深的敦煌学便是一片虚无；面对他，我们又会平添几分纠结、几分惆怅。

看过王道士仅存于世的一张照片——这是那个叫斯坦因的英国人给他拍摄的。③就是这个斯坦因，像一条闻腥而至的猎犬，于19世纪初远涉重洋来到敦煌，费尽心机取得了王道士的信任，用四十锭马蹄银换取了堪称无价之宝的万卷经书。此后，又有几个外国探险家接踵而至，以极少的银两从这个叫圆箓的道士手中，盗买了大量经卷、佛画、印本、文书。苍天无语，国宝外流，王道士也因此背负了百年骂名。

④照片上的王道士个子不高。他身着道袍，神色黯然。眉眼气宇之间，似有几分茫然，几分无奈。

王道士的茫然是有理由的。是佛缘的感应，还是上天的眷顾？总之，衣食无着、浪迹四方的王道士一脚踏入已然荒凉破败的敦煌，就像倦鸟归林。从此，便把重现千佛洞曾经有过的辉煌当作自己的理想，四处奔波、苦口劝募、省吃俭用、集攒钱财，用于修补

② 这是一个总起段，有概括全文的作用。

③ 比喻修辞，把斯坦因比喻成一条闻腥而至的猎犬，生动形象地写出了斯坦因来中国套取万卷经书的用意。

④ 过渡段，在文中有承上启下的作用。

佛窟，清理淤沙。1900 年 5 月 25 日，那本该是一个石破天惊的日子，但是在积弱难返的晚清王朝，它却如初夏的一缕微风，没有在历史的长河中掀起任何波澜：王道士雇用的一个做文案的贫士，在十六号窟的墙壁上无意磕打烟锅，觉得似有空音，疑为暗室，遂禀告王道士。就此，①藏书五万余册的藏经洞像一位闺阁深藏的少女，在被时光的尘埃遮蔽了千年之后，极不情愿地向世人展露了她诱人的神韵。王道士虽然腹无诗书，但是浪迹天涯的人生阅历告诉他，这一发现也许非同寻常。于是他下至县令，上至慈禧，或游说或上书，结果不是遭人冷遇、泥牛入海，就是被敷衍了事。②从 1900 年发现藏经洞到 1907 年英国人斯坦因闻讯赶来，长达七年间，王道士不遗余力地奔走呼号，却没有引起任何一级官吏的重视。修缮莫高窟、保护藏经洞，也未曾得到官方一两拨银。王道士怎么能不茫然？

王道士的无奈尤其令人心酸。千年的佛教艺术宝库却由一个对佛教知之甚少的道士来维护，这是历史的悲情表露，还是现实的无奈苦笑？我们不得而知。我们知道的是：③北京六国饭店乳白色的莲花灯下，当身着燕尾服的法国汉学家伯希和从他费尽心力盗买的敦煌文物中挑选出数件卷子装裱后进行炫耀时，围观的中国达官显贵除了摇头晃脑、啧啧称奇外，竟无一人为国宝流失略表惊诧。王道士先后出售给外国探险家的四万余件敦煌文物，在该国国家级的图书馆、博物馆都得到了妥善的珍藏与保管；而留存于国内的

❶ 拟人修辞，作者将藏经洞拟化成一位闺阁深藏的少女，生动形象地写出了藏书被遮蔽千年后终被世人发现。

❷ 作者通过叙述进一步说明了王道士修缮莫高窟时无助的心境。

❸ 中国达官显贵在法国人炫耀盗买的敦煌文物时竟然没有一个人对国宝的流失感到惊诧，突出了中国人的麻木。

一万余件敦煌经卷却流失严重，损坏异常。晚年，王道士曾经装疯卖傻，因为美国人华尔纳给他的几十两银钱竟被夸大成十万银圆。当地村民因此去找王道士要求分享，否则就以死来威胁他。^① 可怜王道士为保护千佛洞倾其半生精力，向外国冒险家出售的敦煌文物所得，在没有任何监管的前提下全部用在了千佛洞的维修和保护上，到老竟有此劫，死后骂声如潮，他怎么能不无奈？这无奈又岂能不令人酸楚？

① 作者在这里详细地讲述了王道士当时面对舆论的无奈，他对千佛洞倾注了毕生心血，却被人们逼得装疯卖傻，让他感到十分酸楚。

王道士当然有令人愤怒的地方。比如，他不该拿着刷子蘸着白灰，刷去自以为灰暗的几孔石窟壁画；他不该廉价出售写卷、印本、画幅，无论他是出于多么高尚的目的；他更不该在千佛洞经卷被洗劫一空后，收受了美国人华尔纳一点小钱，就听凭他用洋布、树胶粘去了 20 余幅洞窟壁画。但是，如果我们把这些"不该"放在一个特定的历史语境中，对于一个不懂佛教、近乎文盲的道士来说，是不是有些苛求？

据说，斯坦因装满箱子的一队牛车在离开敦煌启程时，这位蓝眼睛、黄头发的英国绅士曾回过头看了一眼西天凄艳的晚霞。一位青年诗人说，那是一个古老民族正在淌血的伤口。诗人的感慨不无道理。^② 只是，一个王朝的昏聩能由一个道士负责吗？一个民族的悲哀该让一个道士"埋单"吗？按照道家戒律，道士死后不得建塔，王圆篆的弟子们还是为逾八十而终的师父修建了一座很气派的道士塔，并在碑文上记述其功德。时下，这座墓塔就在敦煌景区的门口。游人如织，却很少有人在它面前驻足。是的，比起飞天壁画中婀

② 作者连用两个反问句，强调了我们不能把敦煌文物流失的责任归因于王道士，那是历史对整个中国的嘲讽。我们不能用一个完人的标准去审视他，只有把他放在当时的历史情节中去理解，才能得出客观公正的评价。

娜多姿的人物,形态各异的洞窟大佛,它实在微不足道。可是如果没有墓塔中的主人,令世界惊诧的千佛洞也许早已被滚滚黄沙淹没;浩瀚精深的敦煌学也将无从谈及了。

夕阳西下。我伫立塔前,也回首眺望了一下西天。那里,晚霞片片,如火如荼,就想,那该不会是民族伤口滴出的血珠浸淫的吧?毕竟,离以飞天壁画称绝于世的敦煌不远,酒泉卫星发射基地已经把"神七""神八"成功地送上了天,圆了中国人几千年的"飞天"梦。王道士如果塔中有知,该会绽出难得的笑容吧?只不过,那笑容是委屈还是自责,抑或两者兼有,就只有他自己能解个中滋味了。

夜　市

① 敦煌的夜市确是一个奇妙的所在。

说它奇妙,不单单是因为它地处佛门圣地。这样说吧,你在夜市随便找一处楼台弯弓搭箭,向北一箭射出,便是一望无垠的茫茫戈壁。② 我们从嘉峪关驱车东行,几百里之内竟看不见一处房舍,望不到一缕炊烟,满目皆是板结的土地和小如拳、大如斗的鹅卵石,生命的迹象如同蒸发的水汽一样难以寻觅。可是就在你叹息大西北的荒芜与孤寂时,立马又被一片勃勃生机簇拥,这中间仿佛只隔着一道幕布。幕布拉开,里外便完全分属于两个大相径庭的世界了,你说奇也不奇? ③ 所以,当好客的主人领着刚从戈壁深处走出

❶ 这是对敦煌夜市特点的概括说明,也是一个总起段。

❷ 比喻修辞,形象生动地表达出了一望无垠的茫茫戈壁给人的感觉。

❸ 比喻修辞,作者把敦煌夜市比喻成被神人点化出来的一处仙境,进一步说明了敦煌夜市给人的感觉十分奇妙。

的我们来到飘洒着花雨般音符的夜市徜徉时，我总觉得，这繁华奇妙的所在分明就是哪位神人点化出的一处仙境。

一进夜市门，我们的双脚先被一阵歌声留住。唱歌的是一位身着藏袍的男青年，二十来岁的年纪，眼睛不大却极有神。充满青春光泽的脸上洋溢着友善与祥和的神采。或许是被源远流长的佛教文化浸淫得太久，小伙子宽额大耳，多少带些佛相。他双手弹着电子琴，嘴巴对着绑在琴架上的麦克风，一边唱一边扭动着身体，歌声深情而辽阔，竟使一群内地来的游客随着歌声的旋律翩翩起舞。我被小伙子的歌声感染了，不忍移步。同行的一位朋友一拍我的肩膀："卫东，你看他多像你弟弟呀！"我有些嗔怪友人的唐突，如果小伙子抬眼看到面前站着的是一位满脸沧桑的中年人，该会引发心中的不快吧？① 无论如何，一只青春勃发的小鹿和一头步履沉重的老牛是拴不到一个圈里的。不想，那小伙子扭头看了我一眼，脸上竟溢出了充满善意的微笑。

这种宽容与友好，我在几分钟后又一再领受到了。当地的朋友非要请我们喝冰镇姜啤、吃现烤的羊肉串。拗不过主人的盛情，本来已酒足饭饱的我们只好找了一个摊位坐下。一个女孩儿微笑着从身后递过一个纸夹，我以为是菜谱，翻开一看原来是点歌单。"先生，请您点歌。"这时，卖烧烤的女老板已经将啤酒和羊肉串摆上了桌。② 我看看歌单，调侃问要钱吗？女孩宽厚地一笑，说："随便您，高兴了就给，不高兴也不勉

❶ 妙用比喻修辞和作比较的方法，形象生动地写出了小伙子青春焕发的样子，以及作者满脸的沧桑，也写出了小伙子给作者带来了善意，令作者心情愉悦。

❷ 语言描写，从这里可以看出敦煌夜市里的人都很大方，也很热情。

强。"女老板一旁笑着帮衬："他们可是我们这里的最佳组合呢！"我抬头一看，见一个男青年，已支上电子琴，举起了手鼓，见我看他，男青年腼腆地一笑，说："先生，我给您唱一首《陪你一起看草原》吧。"我问："怎么知道我喜欢这首歌？"男青年一边调试电子琴，一边回答："如果我没有猜错，您是从北京来的。您从繁华的大都市来到这边塞小城，不就是为了寻找原始的自然美吗？"

　　①诚如斯言。一脚踏进戈壁腹地的敦煌小城，我那已被城市生活沙化了的心田竟变得润泽了。这里虽然气候干燥，每年降水量不足蒸发量的五分之一，没有内蒙古草原上那奔腾的骏马、白云一样的羊群、绿茵茵的水草和缤纷开放的野花，但是那绚丽多姿的千佛洞、变幻万千的鸣沙山、神奇玄妙的月牙泉，还有阳关道上的离离别情，在使人感到古朴荒寂的同时，也抵达了生命的本真，抵达了精神家园的深处。实在说，这里不该是游客的乐土，而应是学子梦中的故乡。倘若你把心留在这里，思想就会长出翅膀，高高翱翔于历史的云端，看时间如何退回原点，然后如地龙一般穿行于无尽无涯的宇宙之间；感受古老的华夏文明怎样筚路蓝缕一路走来，穿过落寂与凋零，走进繁华与丰茂。②所以，歌声刚停，我们就像一尾尾鱼，重新游进了色彩斑斓的夜市。我们觉得只是坐在那里饮酒听歌，怕会辜负了这古朴纯真的塞外云月。

　　夜市被管理者划分为不同的区域，休闲区、餐饮区和工艺品区。在工艺品一条街，我的脚步再一次被

❶ 这里是作者写自己进入敦煌小城后的亲身感受，敦煌小城给作者带来了心灵上的感触。

❷ 比喻修辞，形象生动地写出了作者不肯停下逛敦煌夜市的脚步的样子，进一步突出了敦煌夜市的色彩斑斓，令作者流连忘返。

绊住了。不仅仅是因为小街两旁古色古香的仿古建筑令人惊叹，也不仅仅是因为在摊位前招呼游人的敦煌女子一个个生得流光溢彩；① 令我始料未及的是，那精美绝伦的木雕挂盘竟出自这些不起眼的敦煌汉子之手。不打底稿，就用大小不同的各种刻刀，在或圆或方的桦木板上刻着，线条飘逸、灵动。倒弹琵琶的飞天女，落日中渐行渐远的驼队，宛如在宣纸上绘制而成。一举手，一投足，一片余晖，一轮落日都生动传神，令人啧啧称奇。更为玄妙的是，在鼻烟壶里作画的艺人，一个个也就三四十岁，手持特制的狼毫钩形画笔，一笔笔在磨砂的鼻烟壶内壁上汇聚日月灵气，展示大漠风情。不足方寸之地，竟也被演绎得风生水起、十里波澜。望着这些巧夺天工的艺人，我忽然明白了，为什么敦煌千佛洞能够成为世界一大奇观，令中外游客叹为观止。

② 倏地，我生出一个想法，如果新开凿一座石窟，就请这些身怀绝技的民间艺人，把今日夜市的情景描绘于岩壁之上，让人的生活场景直接再现出来，流传于世。过上几百上千年，后人游览敦煌石窟时，也一定会被施了魔法一般，久久站立，哑然失声，许久才带着哭泣般的声音叫一声，啊，真了不起吧？

我知道这想法有些异想天开，却又禁不住为其玄妙独自陶醉了许久。所以没有和当地的朋友说，是怕他们笑我疯癫呢！

❶ 敦煌夜市的工艺品区里到处都是手艺精湛的高人，他们制作的艺术品令作者啧啧称奇，感叹。

❷ 敦煌夜市令作者脑洞大开，敦煌夜市的民间艺人令作者赞叹不已，所以不禁让作者产生了要把这夜市之景描绘于岩壁之上，给后人留下壮观之景的想法。

延伸思考

1. 作者给予了馒头柳怎样的评价?

_____

_____

2. 敦煌小城给作者带来的第一感受是什么?

_____

_____

3. 作者给予了王道士怎样的评价?

_____

_____

目　光

名师导读

　　《目光》主要讲述了黎庶昌一生的主要事迹，我们跟着作者脚步将领略到那个通过海路抵达西方的黎庶昌，站在东西方文化的交汇处运薪火于暗夜沉沉的晚清，冒着被打成汉奸的凶险，让国人感受着一抹民主与科学的光辉。黎庶昌"为一代除积弊，为万世开太平，为国家固根本，为生人振气节，上以回天变，下以尽人事"。

❶ 作者在这里巧妙地运用题记的方式，简明扼要地交代了文章的背景，揭示了文章主旨，奠定了感情基础。

　　① 如果说，戊戌变法是中国社会彻底变革之先声，谁能否认，菜市口刑场上空那血染的风采中，没有黎庶昌的一腔热血呢？

　　　　　　　　　　　　　　　　——题记

　　我们去凭吊一位先贤。

　　时值残冬，面包车驶入遵义近郊的沙滩村，眼前仍为之一亮：一亩亩池塘碧水盈盈；一畦畦菜田绿色正浓。^① 远方，山色如黛，檞树成荫；近处，野菊未凋，桂树飘香。山坡上，一幢幢白墙红格的双层农舍错落有致、形状各异；碧波粼粼的乐安江绕村而过，如一条绿色飘带，把这一方水土勾勒得钟灵毓秀。遵义的朋友说，现在不是最美的时候，如果夏天来，才真是"人间仙境"呢。我听了暗自感叹：如此山水，必有大贤。人杰地灵，此之谓也！

^② 朋友，你猜对了，此行，我们是来拜访黎庶昌。

车在路旁停下。^③ 庭院两进，门楼一座；前带清流，后枕山峦。正房屋檐下有一黑漆竖匾："钦使第"三个字灵动飘逸，像三只穿越了百年风雨的火凤凰，为这座古旧的宅邸衔来了几片沧桑。庭院中有水池，金鲤摇尾；宅檐下长杂花，叠红吐绿。

这里，就是一代先贤的人生起点，也是这位贵州好汉的人生归宿。

一

秋风已至，落叶渐稠。京城一间民宅里，一位身着青布长衫的后生推开面前的窗户。^④ 已近午时，蓝天高远、白云惨淡，院中槐树上有几只夏蝉，正低一声、高一声嘶鸣，似乎是叹息生命的短促。后生凝望片刻，头一甩，脑后的长辫画出一道弧线，啪一声缠在脖子上。他已踌躇多日，终于下决心回到案前，咬住嘴唇，饱蘸浓墨，在案头的宣纸上写下了第一句话：臣愚伏读七月二十八日星变诏书……尔后，眉头微蹙、奋笔

❶ 两个相同句式把遵义近郊的沙滩村的美景细腻地描写了出来，使节奏和谐，显得感情洋溢、气势强烈。

❷ 点明了这次去遵义的目的，让读者进一步了解作者的写作意图。

❸ 环境描写，交代了事情发生的地点和背景，增加事情的真实性。

❹ 环境描写，渲染气氛，烘托黎庶昌当时的心情，同时寄托他的思想感情，推动情节的发展。

疾书，洋洋七千余言一挥而就。

① 他就是黎庶昌，时年26岁。他在京城参加了两次乡试，两次均不中，一贫如洗，滞留京师已走投无路。

这是1862年10月的一天。太平天国正与清廷激战，英法联军不久前攻陷了北京。近来又天呈异象：② 正月太阳三晕，二月流星南奔；春夏之交，阴云遮日，旱蝗四起。西北有洪水暴发，东南现台风肆虐，七月间更有陨石雨和彗星划破苍茫天际。刚刚通过"辛酉政变"掌控了国家最高权力的慈禧，认为这是"危亡倾覆"的征兆，为消灾弥变，以皇帝名义"下诏求言"：申谕中外大小臣工，务各齐心悉虑，于朝廷政治得失大且要者，谠言无隐。

在黎庶昌这封被后人与贾谊的《上疏陈政事》、诸葛亮的《隆中对》和范仲淹的《上宰相书》相提并论的《上皇帝书》中，自号"黔男子"的一介山野书生，以心雄万夫的气概，要"为一代除积弊，为万世开太平，为国家固根本，为生人振气节，上以回天变，下以尽人事"。③ 笔锋所至，直指清廷种种弊端，陈述兴利除弊的方略大计。行文犀利，雄视千古。

黔地，古有"鬼州"之谓。飞鸟不通、荒蛮贫瘠，在世人眼中乃瘴气[1]弥漫，非人所居之城，故李白曾放逐夜郎，刘禹锡被谪贬播州。④ 这样的闭塞之地，为何走出了一个才高七步、腹隐珠玑，敢蔑视天颜、顾盼自雄的黎庶昌？

❶ "一贫如洗""走投无路"这两个成语将黎庶昌当时的情况淋漓尽致地刻画了出来。

❷ 作者在这里列举了天象异常情况，暗示着有大事情要发生。

❸ 作者在这里详细地赞扬了黎庶昌一心装着国家大事，为天下的老百姓着想，把生命置之度外的伟大气魄。

❹ 作者在这里巧妙地运用了一个疑问句，不仅引起读者的深思，还对黎庶昌的才学与胆量进行了高度的赞扬。

---

[1] 瘴气：这里是指山林中的湿热空气，从前被认为是瘴疠的病原。

此时，我就伫立在黎庶昌沙滩故居的老屋中。

青砖铺地，横木成梁；一张圆桌，两把座椅；靠墙有六尺卧榻，四周挂着白纱帷幔。黎庶昌别妻辞子，束衣整冠，就是跨出这间房子，一路翻山越岭，走州过府，千里迢迢赴京城应考。①满腹才华、一腔抱负，却不被认可。犹龙困浅滩、虎落平阳，我能想象他当时的愤懑与无奈。生他养他的沙滩村，乃黔北一朵文化奇葩。方圆不过数里，渔樵耕读，学风鼎盛，自清乾隆年至清末已延绵百余年。其间，出了几十位名人贤士，著书上百种，内容涉及经史、诗文、音韵、地理、训诂、科技、金石、书画等诸多领域。代表人物之一的郑珍有"西南大儒"之称，曾国藩仰其名几欲相见，都被淡泊名利的郑珍婉言相拒。郑珍是黎庶昌的表兄，曾教授过这位志向宏大、才学卓然的表弟。黎庶昌自幼读古人之书，即思慕古人之为。十七八岁时便立下志向："以瑰丽奇特之行，震襮乎一世。"②他留心时政，探寻强国富民之道，对种种时弊洞察入微。两次乡试落第，更使他对八股文取士的陈规不屑一顾，直言批评皇帝"乐于求才而疏于识才，急于用才而略于培才"。

黎庶昌上书清廷，认为吏治腐败、人心敝坏，光是"危道"就列出十二种。消息传到沙滩，连郑珍都吓了一跳，言其惹下杀身大祸。出人意料的是，清廷并未加罪于黎庶昌，反而恩赏了他一个"候补知县"，差遣到曾国藩江南大营听候调用。③是清廷确有剜病除脓、改革图强的勇气吗？事实是，黎庶昌上书所列种种弊端，凡涉及权贵利益和更改旧章，均因"事多

❶ 比喻修辞，把黎庶昌一肚子才学，胸怀伟大的抱负，却没有地方施展的状况形象地描绘了出来。

❷ 语言描写，从黎庶昌的话中可以看出，他有直言不讳的胆量，专找弊端，体现了他一心为国为民着想。

❸ 这个疑问句形象地暴露了清朝皇帝避重就轻的做派，这也为清朝走向衰败埋下了伏笔。

窒碍之处"存而不问，只是对诸如"荐举贤才"一类的建议，谕令有关衙门"遵照办理"。窃以为，黎庶昌因祸得福获得清廷破格提拔，一下子由贡生官至"正处"。虽是非正式领导职务，但毕竟有了晋升仕途的平台，盖因其时局：咸丰皇帝驾崩，他钦定的顾命八大臣被捕入狱，其中两位亲王还掉了脑袋，朝野上下无不噤若寒蝉。皇帝下诏求言，一个多月竟无一人应答。本来清廷此举是为排遣内心纠结做的一次自我按摩，如果尴尬收场，心何以安？

黎庶昌的上书不啻帮清廷找到了一个台阶。^① 该贡生言辞激烈、话锋犀利，皇帝还降旨恩用，岂不更显"皇恩浩荡"？其实，黎庶昌后来投身江南大营只委了一个"稽查保甲"的小差事。若不是一个偶然机遇，他以小吏之身终老南山也未可知。有一日，曾国藩早起查看诸营，夜色未退，只远处一点星火露帷。他循星火挑帷而入，见一年轻人正习文练字，环顾案头收藏不俗，一番攀谈有感其才，遂把这个叫黎庶昌的年轻人调到身边，进了秘书班子。这之后，未见黎庶昌在军事上有过什么建树，但曾国藩为桐城派晚期领袖，其诗文成就在中国文学史上不可或缺。他身边又聚集着一群富有真才实学的文人骚客，黎庶昌与他们诗文唱和，文学上倒是日有精进。

清以小说名世，诗词成就并不为世人称道，但非乏善可陈。今人有"清诗三百年，王气在夜郎"一说，推尊郑珍为清代诗国第一人。甚至有论者认为历代诗人中，除李杜苏黄外，鲜有能与之比肩者。黎庶昌自

① 这里的贡生是指黎庶昌，在皇帝眼中黎庶昌是言辞激烈、话锋犀利的人，进一步突出了黎庶昌直言不讳的特点。

幼受郑珍指点，其诗词奇绝恣意，应有资格分沾这一盛誉。至于散文，他年轻时熟读司马迁与班固，尊尚儒术、兼收诸子百家，入仕后又师承曾国藩，其文简练缜密、风格奇伟、意境开阔、雄恣华瞻，确是一代文章高手。后来黄遵宪与他作竟日谈时，说他是"一世倜傥之才，抗时希世，海内外驰名"，绝非虚与委蛇。

黎庶昌仕途蹇滞，一度想彻底投笔从戎[1]，为此他曾写信向已调任直隶总督的曾国藩求教，并希望他推荐自己到李鸿章的淮军，在镇压陕西的回民起义中建立军功。① 曾国藩回信认为不妥，理由是太平天国剿灭，中原初定，建立军功已殊为不易。况且，"李相西征，部下尚多，必不能舍其屡立战功之旧人，更用未习军旅之文士。阁下杖策相从"，充其量混个助理、秘书罢了，何必呢！曾国藩让他稍等数月，说正在为他活动差事。清朝晚期，候补干部多如牛毛，想得一实职殊为不易。

黎庶昌对曾国藩是敬重的。他以"曾门弟子"为荣，在曾国藩死后对其一生梳理总结，撰成《曾国藩年谱》十二卷，后又为其作了一篇长达万字的传记文章。曾国藩位高权重，但礼贤下士，对黎庶昌有提携奖掖之恩。他曾明奏秘奏清廷几次，希望为黎庶昌谋一实职，并在黎庶昌落魄时多方为其奔走。不过，这一瓢冷水浇得正逢其时。如果黎庶昌随李鸿章部去"剿匪"，手上就会沾染起义农民的鲜血，笔下则少了意蕴丰沛的华

❶ 曾国藩从国家局势分析劝阻黎庶昌投笔从戎的做法，从侧面也反映出黎庶昌所处的历史条件让他无法施展自己的伟大抱负。

---

[1] 投笔从戎：是指黎庶昌放弃文职工作参军入伍。

❶ 比喻修辞，恰如其分地刻画出黎庶昌假如能投笔从戎也会有不同凡响的一番作为。

❷ 场景描写，作者由黎庶昌的老屋看到乐安江联想到黎庶昌站在船首迎风而立的样子。

❸ 作者在这里巧妙地运用了一个比喻句，把黎庶昌的人生比喻成他的母亲河，形象生动地写出了黎庶昌波澜壮阔的人生。

章。①这当然并非曾国藩初衷，历史在这里愣了一下神，于是，清廷失去一条镇压农民起义的鹰犬，中国近代史多了一位引火种于华夏的先贤。

二

站在黎庶昌的老屋前，眺望微波荡漾的乐安江，我的眼前曾出现一幅幻境：②江水千回百转、一波三折，终于奔流入海。湛蓝的大海欢迎她远道而来，绽放开一簇簇晶莹的浪花。无垠的海面上，一艘轮船正准备起航，从乐安江走出来的黎庶昌站在船首，迎风而立。

乐安江是乌江的支流。它动静交织，流经处，有两岸峭壁林立、水势湍急的险滩；也有水面滞缓宽阔、鱼翔浅底的平湖。③我在想，黎庶昌的人生多像他的母亲河，如同一曲扣人心弦的古筝，有激越的抒情，也有无奈的低吟。1876年10月17日，当他随公使郭嵩焘[1]出任大清国驻英参赞，登上英轮塔拉万阔号从上海吴淞口起锚出海时，可曾想到，这一天注定要被写进中国的近代史，而他的荣辱进退也将构成祖国母亲脸上的细微表情？

记述这次行程的散文《奉旨伦敦记》就安放在黎庶昌故居的展柜中。隔着玻璃，那斑驳的字迹依稀可辨，沿途的见闻亦在字里行间呈现。历时50余天，航程三万一千里，这不仅是一次地理意义上的跋涉，更是一次观念和思想的跨越。

---

[1] 郭嵩焘：晚清官员，湘军创建者之一，中国首位驻外使节。

①可以想见黎庶昌当年的情景：多少次日出，多少个月落，他站在甲板上，手扶船栏，极目远眺，但见烟波浩渺、水天一色，雾锁山头山锁雾，天连水尾水连天。低头，海浪击打船舷，有如碎玉乱溅；抬首，一行海鸥正掠过天际，引发了他内心一腔豪情。说来令人惊诧，当时的封建士大夫固守"华夷之辨"，以"天朝上国"自居。即便是娘肚里的双胞胎，西人也是"其足向天，其头向地"，咱们"则自生民以来，男女项背端坐腹中，是知华夷之辨，即有先天人禽之分"。故光绪二年，清廷开始向外派遣使节，凡出使外邦者皆为人不屑。郭嵩焘奉旨首任英国公使，竟被乡党耻笑和辱骂，他原拟檄调的参赞也有人囿于偏见托词不就。黎庶昌则不然，他卓然而立、清廉自守，在颓靡的晚清官场仕途不顺；更重要的是，他受林则徐、魏源影响，企盼能有机会走出国门学来富民强国之道。尽管行前娇妾爱子百般不舍，他还是毅然奉调，成了贵州走向世界第一人。

②一旦踏上西方诸国，开明的黎庶昌还是有些"蒙圈"。

出使西欧五年，他历任英、法、德和西班牙四国参赞。在《曾侯两次呈递法国国书情形》一文中，他曾这样描述递交国书的过程：宫门外陈兵一队，奏乐迎宾。至门前下车后，他以参赞身份手捧国书，紧随公使曾纪泽身后，"以次鱼贯入其便殿，三鞠躬而前"，法国总统则"向门立待，亦免冠鞠躬"。双方互致诵答后，鞠个躬就齐活了。

❶ 这是作者的联想，我们可以看出面对烟波浩渺的江水，黎庶昌内心中的那一腔豪情。

❷ 过渡段，在文章中具有承上启下的作用，使文章内容连接更加自然。

黎庶昌觉得很新鲜。不妨对比一下他日后回国被召见的情景：<u>①半夜两点半来到军机房候着，早上八点半才应召进殿。"太后御座上遮一黄纱幔，制如屏风，皇帝则坐于幔前。"黎庶昌进门即跪，高呼"跪请圣安"；复摘冠于地，再呼"叩谢天恩"，随即一个头要在地上磕出响儿来。其后，所有的回话都要跪在地上。</u>慈禧先和他扯了几句闲篇儿，突然问："见他们的国君是怎么样？"黎庶昌据实而奏："见面不过是点点头，仪文甚简。"这位中年妇女产生了好奇心："是站立吗？""是。"老佛爷很是自得："他们也还恭顺。"听话音儿，仿佛鸦片战争一败再败后，割地赔款、签订丧权辱国条约的不是腐朽的清廷，倒是以两万余众便长驱直入北京、令慈禧仓皇出逃的西方列强。②而一个外表显赫，实则已腐朽到只能靠可悲的精神胜利法来支撑的王朝，焉有不倾倒塌陷之理？

出使西方递交国书，只是履行一般的外交程序。作为参赞，黎庶昌还被邀参观了法国议院开会的场面，这让素有师夷之长以自强的黎庶昌眼界大开；在一个可容纳 200 人左右的会议厅里，议长居中而坐，手边放着一个铃铛，与会者可自由发言，议长"不欲其议"，摇铃铛制止也没人理会。有一个绅士，"君党也，发一议，令众举手以观从违，举右手者不过 10 人，余皆民党"，或嘲讽讥笑，或拍手起哄。法国总统马克蒙因为在议院中得不到多数支持，只好下台。"朝定议，夕已退位矣。"巴黎的老百姓生活如常，好像不曾听说一样。而且开会时，"人声嘈杂，几欲交斗"，如此"家丑"不

❶ 黎庶昌从时间、君臣礼节等方面和外国的见面礼进行了比较，进一步反映出清朝礼节的烦琐以及弊端。

❷ 一个反问句就把表面显赫，实则腐朽的清王朝淋漓尽致地表现了出来。

但不刻意遮掩，还令外国使节当场观看。

黎庶昌没有嘲笑"蛮夷之地"[1]的不臣之举，反省清廷决策施政过程，认为这才是民政之效也。感叹中国乃君主专制之国，皇帝独揽大权，既不让朝臣分担责任，也不把权力放置于类似西方议院那样的机构予以制衡，怎么能保证决策的正确与科学？

黎庶昌参观了军工厂、印刷厂、纺织厂、造船厂、瓷器厂，看到了火车、轮船、电器和各种机器生产确是强国富民之要术，见证了顶层政治设计对生产力发展的推动作用。① 仅举一例，中国以农业立国，却连一座专门的农务学堂都没有，还停留在牛耕人拉，靠天吃饭的水准。而在西班牙的一所普通农业技校里，他看到了配有各种精密仪器的化学实验室、物理实验室、植物标本陈列馆、教具陈列馆以及各种先进的农业机械。他与社会广泛接触，认真体察各种民俗，感到西洋民众的文化艺术修养确实高于国人，他们观看戏剧、参观画展、举办舞会，被封建卫道士斥为桑间濮道的所谓"淫靡"之风，较之大清国的"男女授受不亲"，亦不过是社会风气开化的表现罢了。资本家"嗜利无厌，发若鸷鸟猛兽"，但有钱后却能捐资办学，赞助慈善。由于法制相对完善，为官者较之清廷也廉洁得多。② 耶稣蒙难日那一天，西班牙王室举办纪念活动，国王和王后竟亲自给平民洗脚。在大清王朝，有这想法就触犯天条，说出来那还得了？纯属作死！

❶ 对比，黎庶昌把以农业为主的中国跟西班牙的一所普通农业技校进行了比较，进一步突出了中国的落后。

❷ 对比，在西班牙国王和王后能亲自给平民洗脚，这在大清朝就属于触犯天条，哪怕是讲一讲也会被处死，充分反映了中国的君主专制。

---

[1] 蛮夷之地：指荒蛮不开化民风彪悍的地区。

黎庶昌变法的思想愈加清晰。中国地广人稠，但如果妄自尊大，一味墨守成规、不思变革，必为世界潮流所淘汰，他将这些见闻详尽记录了下来。按说，黎庶昌游览西方诸国，事事皆动于心，文章应该声情并茂、色彩斑斓。可是，在他这些文章的结集《西洋杂志》中，却没有文接千载的议论和思飘万里的描绘，都是纯客观记述。用现在的话说，属于零度叙事。① 这其实是有原因的，当年应召上书，就因为黎庶昌出言无忌、直抒胸臆，受到朝中保守势力弹劾。如果不是特定的历史背景，被"递解还乡"甚至杀头也未可知。郭嵩焘是曾国藩的儿女亲家。作为首任中国驻外使节，他对西方文明推崇备至，每每谈及，欣赏羡慕之情溢于言表，结果被朝中保守势力抓住了小辫儿，斥之为"汉奸"。堂堂二品大员被一撸到底，成了一介平民，死后还险些被开棺鞭尸。不过，倘据此认为黎庶昌是因为官场颓风熏染而变得圆滑了，则不然。入仕后，他清廉自守，以学问立身，如求自保，他可以尸餐素位，一言不发。② 作为一个窃火者，黎庶昌其实是想尽量不被保守势力纠缠，多运些薪火于暗夜沉沉的晚清，让更多的国人感受到民主与科学的沾溉[1]。

雄鹰收翅栖息于枝头，不是为了逃避，而是为了更远的飞翔。

❶ 黎庶昌内心虽有万言感慨，却零度叙事，从侧面可以看出当时的社会令有才华的人不敢直言。黎庶昌为了能走得更远也只好选择不让保守派攻击。

❷ 黎庶昌入仕后，想尽办法让国人感受到民主与科学的好处，为国家的发展和进步贡献一己之力。

---

[1] 沾溉：在这里是指受到恩典、德泽。

三

1884 年 3 月的北京。①春寒料峭，绿色还在路上。一匹快马疾奔而来，扬起一路黄尘。在位于东堂子胡同的总理各国事务衙门前，佩带腰刀的折差一挽缰绳，烈马前蹄腾空，发出一声长嘶，路旁古柏上几只宿鸟被惊醒了，呼扇翅膀，慵懒地飞向天空。

日本成功实行"明治维新"的第 16 个年头，驻日公使黎庶昌再次上书清廷求变。历史把一个重要的变革机遇，假黎庶昌之手推给了宫禁森严的紫禁城。

使欧归国后，黎庶昌升任日本公使，时年 45 岁。②官帽上的顶珠已由青金石换成了珊瑚，穿上了绣有锦鸡的清廷二品高干制服。那时的他对未来一定踌躇满志，"斯游应比封侯壮，莫道书生骨相穷"，或许是他心境的真实写照。不然，展室墙上的黎庶昌怎么会怡然而笑？只是他肯定不知道，这笑容会在那张已被岁月雕刻过的脸上持续多久。

日本的发展曾很落后，中国进入奴隶社会向封建社会转化时，日本还处于原始社会。③在很长一个历史时期内，日本以中国为师，改革其氏族奴隶制国家阻碍生产力发展的种种弊端，渐显赶超之势。特别是 1868 年由中下层武士发动的明治维新，开始拜西方文明为师，以富国强兵、殖产兴业、文明开发为目标，推翻了德州幕府 260 多年的统治。实行内阁、建立国会、颁布宪法，使日本走上了资本主义道路，生产力水平得到迅速发展，国力大增。不但废除了和西方列

❶ 细节描写，作者在这里不仅形象地描写了一个折差的动作以及当时的气魄，而且对周围的环境进行了细致的描写，为下文时局的变化埋下了伏笔。

❷ 当时的黎庶昌踌躇满志，一腔抱负，想为国效力。

❸ 日本虽效仿中国，但推翻了德州幕府 260 多年的统治，使生产力得到迅速发展，国力大增，而中国却被甩在后面，这是多么令人深思的事情啊。

强签署的一系列不平等条约，摆脱了沦为殖民地的危机，还俨然与其平起平坐，把曾经的老师中国甩在了身后。

黎庶昌有充分的理由微笑。中日文化交流源远流长，从1868年宣布改元明治开始的明治维新，"明治"的年号就是取自《易经》的"圣人南面而听下，向明而治"。明治维新后，日本虽然已实行"脱亚入欧"，但文化界仰慕华风的余温犹存，朝野中许多学士大夫对中华文化颇有造诣，不少人可以用汉文成诗。黎庶昌家学渊博、学识超群，上任甫始，便经常与日本友人吟诗唱和，风骚独领。^① 一时间，在日本的文人骚客当中，如果与黎庶昌没有过从竟成了一件很没面子的事。黎庶昌和他们之间的吟诗唱和并非官场客套，而是加深中日民间友谊，弘扬中华传统文化的有力之举。比如，西学渐兴，旧版秘籍已不为日本书肆所重视，其中竟有不少国内早已亡佚的古籍，有的还是极为珍贵的孤本。黎庶昌如获至宝，通过日本友人以重金四方收访。"耗三年薪俸积余，举银一万八千两"，刊刻出了精美的《古逸丛书》200卷。

^② 此刻，这套丛书像劫后余生的勇士，成军一列，立于黎庶昌故居的展柜之中。文字是文化传承的重要载体，文字起源的历史就是中国古代文明开端的历史。作为鲜活的历史符号，先哲们著书立说，记述了对社会发展与自然进程的独特认知。每一本书都是一个用黑字印在白纸上的灵魂，一个个睿智的灵魂聚集，便成就了光耀千秋的炎黄文化火炬。古老的中华

❶ 日本文人把与黎庶昌有往来当成很有面子的事，从侧面表现出黎庶昌的文采不凡。

❷ 作者在这里巧妙地运用了比喻的修辞手法，把《古逸丛书》比喻成劫后余生的勇士，形象生动地写出了这套书的价值。

民族五千年来聚而不散，靠的就是其文化的巨大向心力。如果古籍珍本不断亡佚，便如同江河断流，中华民族的血脉何以延续？仅此一事，黎庶昌即居功甚伟，值得我们脱帽致敬。

①在沙滩黎庶昌的故居里，还保存着一块前些年出土的石碑。长一米，宽半米，碑文典雅畅达、凄婉动人，书法遒美健秀，颇具二王之风。如果不是遵义友人提示，我真不敢想象，碑文和书法皆出自一位叫贞子的日本姑娘。她的父亲海南先生是日本学有所成的汉学家，与黎庶昌相识后，情谊日浓。黎庶昌再使日本后，海南先生正在外地养病，不日后去世。黎庶昌特赶去送葬，写下了情真意切的墓志铭，并从此对海南先生的遗孤多有关照。②《海南文集》出版，海南先生的女儿贞子请黎庶昌为之作序，还不时来署探访求教，与黎庶昌随行日本的夫人赵氏情同母女，后来赵氏归国后病逝，贞子闻讯，"悲恸不能言"，为赵氏写的墓志铭感人肺腑。黎庶昌令工匠按手迹勒石锈刻，藏于地下。我望着石碑感叹不已，当年，一位日本小姑娘竟有如此的汉学功力和书法造诣。遵义的朋友告诉我，黄苗子先生曾参观黎庶昌故居，面对其碑文也十分惊诧，拓了两幅，一幅送与日本友人，一幅自己收藏。昔日的文化外交成就斐然，留存于今的这一佳话似可佐证了。

遗憾的是，黎庶昌脸上的笑容没有能够持续多久。他以文化为纽带的外交特色时被世人称赞，应该得益于

❶ 作者在这里采用了列数字的写作手法，准确、直观地介绍了石碑的大小，具有较强的说服力。

❷ 从此处叙述中可以看出海南先生的女儿贞子与黎庶昌的夫人关系非常好，"悲恸不能言"可以看出情谊深厚。

其文人本色。"焦遂五斗方卓然,高谈雄辩惊四筵"[1],本质上他还是一介书生,对本国及所在国文化的掌控能力是他手中最有力的武器。除此之外,黎庶昌也有难以言说的苦衷。① 初任日本公使时,黎庶昌很欣赏前任参赞黄遵宪,想留其共事,却被黄遵宪一口拒绝了,理由是"非不为公佐,实弱国无外交可言"。那时中日尚未开战,日本还不为大多数中国人所认知,即便是中国的知识界也自以为:"即便放眼五大洲,中国也堪称强国。与东海区区一岛国相较,之其渺乎不足比数亦,土地之大、人民之众、物产之富,何啻十倍于倭、百倍于倭而已?"

黎庶昌上任后不久即感到黄遵宪言之不虚。在许多外交场合,他所受到的礼遇颇为疏阔,远不如西方诸国使节受到尊重。战场上拿不到的东西,更休想在谈判桌上得到。② 比如,他任日本公使时,中国的属国琉球已被日本强行设县,黎庶昌赴任后,曾试图通过交涉有所转圜,终因国力衰微,只能眼巴巴地看着日本将其彻底吞并,算是切身体会到了"天朝上国"怎样被"东海区区一岛国"所轻慢。他还经手过一起人命官司,长崎巡捕以查巡鸦片为名殴伤华侨数人,其中一人不治身亡。日本外相井上馨对黎庶昌惩办凶手的要求根本不予理会,咬定是误杀不应抵罪。黎庶昌性格刚健,与日本外相"文书往复辩论至两月之久",日方最后才将凶犯判了五年监禁,赔了家属几千块银

❶ 黄遵宪的话进一步反映出此时的中国在外国是不值一提的。

❷ 举例说明中国国力衰微,只能看着自己的属国被日本吞并,这令一心想为国家效力的黎庶昌感到万分的无力。

[1] "焦遂五斗方卓然,高谈雄辩惊四筵"这两句诗出自杜甫的《饮中八仙歌》,意思是:焦遂五杯酒下肚,才得精神振奋。在酒席上高谈阔论,常常语惊四座。

洋。①这件事在华人中争相传颂，因为能有这样的结果已实属意外了。而黎庶昌的自尊心仍然受到了伤害，日本所以敢轻慢"天朝上国"，实为其国力已超过清廷。他出使欧洲六年，足迹遍及西方诸国，再使"明治维新"后的日本，反观清廷的因循守旧、国力日衰，更加痛切感受到了变法求新的迫切性。

使日第三年，黎庶昌经过深思熟虑，写成了《敬陈管见折》递交总理衙门，请求转奏朝廷。他主张"整饬内政""酌用西法"，提出了七条富国强兵的措施。其中第一条就是加强海军实力，他认为现在的水师"战舰未备，魄力未雄""实难责与西人匹敌"，要练足一百号兵船，分成南北两个水师，专做攻敌之用，而且每个水师应有铁甲巨舰四五艘。②可惜，这道奏折老佛爷连看都没有看到。总理事务衙门认为"情事不合，且有忌讳处"，竟然"寝而不奏，将原折退回"。曾纪泽知晓奏折的内容后，认为"大疏条陈时务，切中机宜""弟怀之已久而未敢发"；掌管总理衙门的亲贵大臣认为这道奏折有涉忌讳处，也不是纯属推诿之词。天朝威武，一派祥和。慈禧觉得有水军撑一下门面就可以了，花更多的银子去添船置炮纯属多余，如果当时看了黎庶昌的折子，难保不甩脸子。至于朝廷那些守旧的大臣，因"循袭旧之见牢不可破"，仇视"火车轮船"，对黎庶昌的相关奏请更会横加指责。

③清廷又错失了一次历史性机遇。如果黎庶昌的奏折当时能被采纳，后来的甲午之战也许就是另外一

❶ 黎庶昌坚持为国人讨要说法的行为令华人争相传颂，但结果令黎庶昌自尊心大受伤害，他恨中国国力太弱，这也促使其想着变法求新。

❷ 从这里可以看出，好的建议遇到这些保守派也会不了了之。这也是中国会被外国欺负的主要原因。

❸ 黎庶昌的建议很可能就是国家的一次转机，但清廷还是错失了良好的机会，可见黎庶昌在那样的环境下为官是多么的悲催。

种结局，中国近代史也是另外一种走向了。

可惜，历史不能假设。

四

余晖下的沙滩村别有一番景致。

❶ 作者在这里详
细地描写了周边的
环境，进一步突出
了作者内心的感慨
万千。

①远方的山峦被镶上了金边，近处的水面泛起满目碎银，江畔的垂钓者持竿未动，仿佛镀上金辉的雕塑。有几只叫不上名的飞鸟在空中盘旋，例行归巢前的最后一轮搜寻。如果来得巧，据说还能听到江边古寺的悠远梵钟和渔家女子的清亮歌喉呢！

遵义的朋友问："黎庶昌墓离此不远，可否有兴致凭吊？"

我来到庭院中，端详着他的半身雕像不愿移步。真是感叹能工巧匠的精湛技艺，居然把一位一百多年前的先贤塑造得如此栩栩如生：瓜皮帽、长布衫，剑眉下是一双炯炯有神的眼睛。②那目光如两道利剑，脱鞘而出，正穿越一个多世纪的历史风云向远方眺望。

❷ 作者巧妙地运
用了一个比喻句，
把黎庶昌的目光比
喻成两道利剑，形
象生动地刻画出黎
庶昌先生刚健的
性格。

我站在他的对面，我们的目光在瞬间对接。

哦，他的目光中为什么会有难以排遣的忧怨？是的，比起他使日归国，"饯别宴会无虚日，惜别祝颂之词数以百计。启程之日送行者盈途塞港，情谊涤笃者竟追饯至数百里外"的盛况，黎庶昌的晚景可谓凄凉。十米卧室，两进庭院，覆盖了他生命的全部空间。"君看缥缈綦江路，百马如龙出贵州"[1]，他本来应该有一个

[1] "君看缥缈綦江路，百马如龙出贵州"出自清代的四川诗人赵熙的《南望》。

更为壮丽的人生舞台。更何况，他忧郁成疾，孑然独处，生命最后的时光终日以泪洗面，一介翩翩名士已成了一个疯癫孤寂的山间老叟。① 世事弄人，殊荣与失落的变换在晚清官场已近常态，他的恩师曾国藩接受直隶总督关防印信时，曾被赐予在紫禁城里骑马的殊荣旷典，气势之煊赫，足以使百官生慕。其后一年，即因天津教案谤怨交集，成为众矢之的。一代"中兴名将，旷代功臣"，几近身败名裂。黎庶昌非恋栈老骥，视荣华如浮云，自然明白官场荣枯无常的道理。

他的忧怨是因为他对大清国的失望。甲午开战之前，时任四川川东道员的黎庶昌曾请命去日本斡旋，以避战端。因为两任使日经历，他明白战端一开断难取胜。不是因为兵单力薄，那时，仅北洋水师已有各种舰船 70 余艘。号称亚洲第一，世界第九。② 但是决定战争胜负的不仅仅是表面上的军力对比。政治腐败、贪腐盛行，李鸿章已把北洋水师当成自己在官场谋身立命的私产，上下不能一心，将士难以用命，水师成军后装备从未更新，指挥、训练、现代海战理念、日常管理以及火力配备，已在日本海军之下，一旦交手胜算能有几何？清廷没有"恩准"他的这一请求。翁同龢主战，光绪皇帝主战，慈禧亦主战，他们已被表面上的强大所迷惑。深知北洋水师实力的李鸿章则有口难言，因为他以操练水师有功揽权邀宠，已获得了清廷太多的褒奖。③ 战败后他曾自嘲，貌似强大的北洋水师不过是纸糊的老虎，虚有其表，小小风雨尚可支吾应对，一旦有大的风浪袭来，露馅儿是必需的。

❶ 作者通过列举曾国藩曾经的殊荣旷典，而后又成为众矢之的一事，进一步说明世道无常的道理。

❷ 这里讲了甲午战争失败的原因：军力只是一方面，政治、人心、军备等，不管哪方面都在日军之下，这就注定要败。

❸ 比喻修辞，把表面看着强大的北洋水师比喻成纸糊的老虎，形象地说明了北洋水师不堪一击的现状。

黎庶昌也是自作多情，虽然他出使日本时以道德文章在日本文化界享有很高威望，但以他的游说想使日本休兵罢战，则天真得有些迂腐。日本不满岛国之境久矣，对外扩张是既定国策。黎庶昌早就明白，国之是非皆以实力强弱而论，没有道理好讲，他不过是心存侥幸罢了。但是一旦开战，作为爱国者的黎庶昌则从主和派变成了坚定的主战派。双方已然交手，再提后撤无异投降。甲午之战从 1894 年 7 月始，至 1895 年 4 月终，每闻战败消息，黎庶昌即忧愤至极，终日不食。

① 焉能不怨？当他听说北洋水师的主力舰定远号在海战的关键时刻竟只剩三发炮弹，前后主炮各发一弹后，剩下的一发竟要划拳而定；当他听说黄海一战，邓世昌驾驶着航速只有 18 节且已受伤的致远号，去撞击航速 22.5 节的日本旗舰吉野号中弹而沉，邓世昌壮烈牺牲；当他听说李鸿章命丁汝昌避而不战，躲进威海卫，水师苦撑待援，终陷绝境，总兵刘步蟾下令自沉定远号"以免资敌"，并与提督丁汝昌先后自裁殉国，北洋水师被日军海陆夹击，"包了饺子"；可以想见黎庶昌心肝俱裂、痛不欲生的情状。十年前就上书清廷需秣马厉兵的黎庶昌，曾在战事中要捐白银万两以襄军费，并奏请朝廷令各级官员出钱助战，也被清廷置之不理。就在黎庶昌每闻败耗便失声痛哭时，慈禧却正在筹措巨资，一门心思为自己举办六十大寿庆典，准备接受百官朝贺，大宴群臣呢。② 眼看败绩连连却无能为力，黎庶昌的眼泪仅仅是流给阵亡的将士吗？作为一介儒生，黎庶昌的内心是矛盾的。清廷的

❶ 作者运用了排比的句式讲述了黎庶昌听到战事节节败退、爱国将士为国捐躯的悲痛与无奈。

❷ 面对败绩黎庶昌感到万般无奈，痛哭流涕，感叹清廷的无能与腐朽，内心充满了怨恨。

专制与腐败，他洞若观火，而忠君的历史局限又让他不愿看到大厦将倾。这和他的恩师何其相似乃尔。曾国藩深知清兵腐朽无能，弹压内乱尚可，抵御外敌堪忧，曾提出裁撤绿营编练新军。清廷拒绝了他的军改方案。曾国藩就心知肚明了，作为异族统治者，原来清廷惧内乱较外患更甚，由此对清廷绝望至极。但听幕僚预言清廷将在五十年内灭亡，却唯愿速死。曾国藩救得了清王朝，清王朝却救不了灾难深重的中华民族。这是一代效忠清廷知识分子的悲哀，又何尝不是中华民族之幸事呢？ ① "凤凰台上凤凰游，凤去台空江自流。"况且，凤非凤台非台。情系华夏，当为奔流不息的江水而歌；心念苍生，何必因沉舟病树哀伤？

　　我的目光和黎庶昌的目光对视。我发现，他目光中的忧怨似乎有些退隐，代之一束穿透历史风云的睿智。莫非，九天之上的先生痛并思痛，与我心有戚戚焉？

　　我们知道，自汉以降，中国与西方的交流主要靠陆上的丝绸之路。18 世纪中叶，西方列强的坚船利炮打开了中国封闭的大门，也开辟出了一条抵达中国的海路。更直接、更舒适、更安全的海上交通工具使中西交流变得更具规模。晚清一大批知识分子作为文化交流的使者，几乎无一不是通过海路抵达西方的。

　　② 黎庶昌是其中优秀的一员，他站在中西文化的交汇处，胸襟开阔，目光深邃而明澈。

　　较之洋务派，黎庶昌非常重视科学技术对社会发展的巨大推动，并为此考察了西方诸国的各类工厂。游历巴黎万国博览会时，他随众人坐上腾空而起的热

❶ 作者在这里巧妙地引用李白《登金陵凤凰台》中的诗句，把天荒地老的历史变迁与悠远飘忽的传说故事结合起来撷志言情，用以表达深沉的历史感喟与清醒的现实思索。

❷ 过渡段，有总结上文，承接下文的作用。

气球，并不是为了欣赏巴黎美丽的景致，而是记录下热气球的各种数据。但是，他更关注民俗民风所反映出的国民心理，更重视议院政治对权力的约束与监控，这在他记述外交活动和日常民俗的多篇散文中可以看到。① 国民心理，折射的是一种民族精神；民主政治，反映的是一种施政理念，这或许比坚船利炮更能支撑起一个国家的强盛。

❶ 这里运用相同句式充分体现了民族精神与施政理念的重要性。

黎庶昌多次记述了递交国书的情形，包括向日本天皇递交国书也是"相视一笑，礼仪甚简"。反观清廷，仅一个"拜折"仪式就令人惊诧：地方官员向朝廷呈报奏折前，先要在衙门大堂内设香案，供奉用黄缎包裹的小木箱。僚属们则按等级排列庭中，主衔上奏官员穿戴齐整立于庭院中间，面对香案，门外放礼炮三响，鼓乐齐鸣，行三跪九叩大礼。礼毕，捧起木箱恭敬地交给站立一旁的折差武弁。折差接住，将木箱双手捧过头顶，疾步下堂走出辕门，再鸣炮三响，以示恭送。且看，专制之国与民政之国的分野何其巨大？② 而当年英法联军火烧圆明园的一个重要借口，就是时处颓势的清廷，仍坚持西方使节面见大清皇帝必须行跪拜大礼，而且，王八咬手指——死不松口。谈崩后扣押了对方谈判代表，囚于圆明园。在朝为官，黎庶昌不能僭越官场规则，但是他却在文章中曲隐地表达了对这种皇权专制制度的不以为然，希望以此唤醒国人对民主与自由的向往。

❷ 作者在这里巧妙地运用了一个歇后语，诙谐、幽默，表达生动形象，并使人加深理解和记忆。

不过，与对西方文明顶礼膜拜者不同，黎庶昌对开放有着独立见解，主张"酌用西法"。他不认为中国传统文化糟糕透顶，反而认为西方列强的"美善之风"亦可从中国的传统文化中寻觅到珍贵的思想资源。①"民为贵，社稷次之，君为轻"[1]，孟子不是在两千多年前就说过了吗？天下为公、天人合一的理念，在我们的经史子集中不是也一再倡导吗？至于中国传统的建筑文化更是美轮美奂了。西方一位使节曾断言绝不会向大清皇帝下跪行礼，可是他刚刚走到太和殿便双膝一软，扑通一声跪倒在地。因为，伟大的中国建筑太令他震撼了！黎庶昌与李鸿章均为曾国藩幕属，后来李鸿章权倾朝野，但黎庶昌对他的崇洋媚外很不赞同，曾婉言提示，或许李鸿章不以为然。黎庶昌无奈叹曰："两大之间难为小，然子产相郑，郑已立。国朝（指清朝）的子产安在乎？"郭嵩焘在引欧风美雨启迪民智上功不可没；但他认为大英帝国拥有大量殖民地，也是因为"仁爱兼至"，赢得了"环海归心"，就有点走火入魔了。②在汲取与接纳西方文明时，黎庶昌没有忘记托承传统文化之精义，难能可贵。

　　黎庶昌的目光犀利而智慧，还表现在能与时俱进。他也曾受"华夷之辨"的影响，也曾盲目憎恨洋人。岂止他，即便是中国"放眼看世界"的第一人林则徐，不是也相信过"米利坚并无国主，只分置二十四处头人"，相信英国兵"腿脚僵直，不善陆战"吗？③可贵的是，黎庶昌经过实地考察，很快纠正了偏见，既有文化自信，又能从中西文化的对比中洞悉中国之种

❶ 作者巧妙引用孟子的话，进一步说明了中国的传统文化也有珍贵的思想资源。

❷ 作者对黎庶昌汲取与接纳西方文明时，不忘传承传统文化的精神进行了赞扬。

❸ 黎庶昌具有知错就改的好品质，他的见解体现出他洞察时事的目光锐利，但是清廷埋没了他的能力。

[1]"民为贵，社稷次之，君为轻"这几句话是孟子的民本思想，是说百姓的地位最重要，国家排在百姓后面，国君最轻。

种不足。行文著书，引火种于华夏；不惧刀斧，发宏论于庙堂。他的见解不为清廷所采纳，不是由于他缺少洞察时事的目光，而是因为清廷没有刮骨疗毒的勇气。睿智与腐朽的种种细节，已经在历史的底片上纤毫毕现。

1897 年冬，黎庶昌在沙滩老屋郁郁而终，时年 61 岁。

❶ 作者在这里以插叙的方式对黎庶昌咽气时的环境进行了描写，目的是抒发自己内心的伤感。

① 据说那一天，天降细雨，雨带西风。黎庶昌咽气时，院中古槐有一大鸟，灰羽白喙，开翅腾空飞起，绕树三匝，悲鸣数声。然后，消失在灰蒙蒙的天之尽头。

黎庶昌死后第二年，爆发了震惊中外的戊戌变法。其实，谭嗣同等人的改革主张大都在黎庶昌的历次上书中涉及。一腔热血谁珍重？洒去犹能化碧涛！如果说，戊戌变法是中国社会彻底变革之先声，谁能否认，菜市口刑场上空那血染的风采中，没有黎庶昌的一腔热血呢？

❷ 作者用了"出生"与"逝"概括了黎庶昌的人生。同时以设问的方式抒发了作者对"历史总是在坎坷中前行"的感叹。

② 要离开这座百年老宅了。一代先贤在这里出生，一个甲子后又逝于斯处。这是一次简单的人生轮回吗？不，它标刻着中国近代史一次螺旋式的上升。积铢累寸，历史总是在坎坷中前行。我精心从庭院的角落采来几朵野菊，恭恭敬敬地置于黎庶昌塑像前。遵义的朋友见到了，说：我们正在征集反映沙滩文化精髓的词句，20 个字以内。黎庶昌是沙滩文化的重要代表，可否有兴趣撰一佳句，也算是献给前辈的一束馨香？

我略一沉吟，想了两句话。这应该是几代中国人的梦想，可惜，黎庶昌们积薪引火、不惜驱命，转头之间，已在历史的天空中化作了一缕青烟。而现在，吾生有幸，正由我们这一代人努力践行，虽然筚路蓝缕，却矢志不渝。但愿先生在天之灵能够期许：

①——渔樵耕读，固文化之本；经世致用，圆强国之梦。

❶ 文章最后既是作者对文明辉煌陨落的痛惜，也是作者在历史遗存的游历中发出的呐喊。

延伸思考

1. 作者从黎庶昌先生的目光中看到的为什么是忧怨？

_____

_____

2. 作者为什么又说黎庶昌先生的目光中的忧怨似乎有些退隐？

_____

_____

3. 戊戌变法发生在黎庶昌先生死后还是在世的时候？

_____

_____

我的儿子叫"茬叔"

名师导读 ▶

　　《我的儿子叫"茬叔"》是杜卫东记录自己儿子从幼儿变成大叔的故事，感慨岁月的无情，写出了一个父亲对儿子慢慢变得成熟的欣慰。总之，这是一篇感情充沛的小说，你也细细品味一番吧。

❶ 作者在文章开头采用开门见山的方法，介绍了文章的主人公，让读者有一个初步的了解。

❷ 这里是作者对岁月无情的感慨，转眼间儿子已经长大，自己也慢慢变老，为下文做足了铺垫。

　　① "胡茬叔叔"是谁儿？我儿子。儿子成了"胡茬叔叔"，不禁让我百感交集。

　　② 岁月真是无情。幼年和青年、青年和壮年，原本是一排紧紧相邻的房舍。不经意间，人就会告别幼年进入青年；再一抬脚，青年已逝，壮年将至；接下来，不管你情愿不情愿，都注定要迈入那间叫作暮年的房舍。如同夕阳，虽然炽热，却已是生命的黄昏。

　　昨天的儿子恍若眼前：四岁时他曾为一条头上顶着绒球的金鱼之死闷闷不乐，一天没有吃饭。六岁时为一只误入楼道的燕子和比他高半头的小伙伴混战了一场；儿子要放这只燕子回归蓝天，而小伙伴执意要捉住这只燕子"红烧"。八岁时，他为一只鹦鹉写下过情真意切的墓志铭，希望这只误食了阳台水泥渣而暴亡的鹦鹉能够在天堂快乐。十岁时，他终止了我封闭阳台的计划，因为不知从哪儿飞来的一只鸽子，正在阳台筑巢孵蛋。

① 一晃儿，儿子已年过而立，但在我的潜意识中却依然没有长大。他叫杜可，我送了他一个绰号：咖啡豆。后来索性省略两个字，直呼其"豆儿"。我们虽然在一个屋顶下生活，但在极为有限的相处中，父与子的角色也常常错位。我爱调侃他，儿子或默不作声，或做无视状：懒得理你。而对于我突如其来的直勾拳或者倒踢腿，他躲过了会轻蔑一笑；如果没有躲过，就会追上我，倒背起我的胳膊，押到墙脚去"面壁思过"。回想起儿子小时候，我曾罚他围着小区公园的花坛跑过一百圈，原因是他的学习成绩总在班里倒数第几名。他不敢违背我的"强权"，但每跑一圈，都会怨怼地白我一眼。稍大，他有了对付我的策略。比如我说："我让你把这篇课文抄十遍，你没长耳朵吗？"他放下笔出去转了一圈，回来后对我的责问一本正经地回答："我去找耳朵了。"

② "咖啡豆"一下变身成了"胡荽叔叔"，我有点始料不及。

我是在一个极偶然的机会知道他叫"胡荽叔叔"的。某一天，朋友圈里忽然出现一条链接：一张很有情怀的小板报，点击量居然超过十万。这之后，北京

❶ "一晃儿"表示时间过得非常快，进一步突出作者还没有接受儿子已经长大的事实。

❷ 过渡段，有概括上文，引出下文的作用，再次强调了作者无法接受儿子已长大的现实。

青年报、新京报、扬子晚报、南方都市报均以整版篇幅介绍小板报的作者"胡苇叔叔"，我才知道儿子一夜之间成了网红。① 由此我想起一件往事：大约是五年以前，由我牵线介绍儿子认识了一位颇有灵气的青年女作家，她读高中时我就关注她的写作，很是认同她的才华与人品。我让她加了儿子的微信，希望她能成为我未来的儿媳妇。最终，两个人无缘走进婚姻的殿堂，但是女孩儿事后对儿子的评价还是让我有点瞠目结舌：杜老师，您真的不要小看杜可。我可以负责任地对您说，他是我迄今为止见过的一个真正的艺术家。他对名利的淡泊、对艺术的执着，还有他的悲悯与善良，使他特立独行、摇曳生辉。我听了只是一笑，觉得女孩儿的话过于夸张。② 在我心目中，儿子生活懒散、不求上进、随遇而安，即便当年以高分考入清华美院，也不过是在我严厉督促下一次侥幸的成功罢了。

现在回忆起来，女孩儿当年的评价并非很不靠谱。

比如，儿子确实淡泊名利。我的朋友知道他毕业于清华美院后，常常有一些封面和插图一类的活儿，儿子向来婉拒不接，对我"既有稿酬，又能出名"的规劝也不屑一顾，直接怼回：别和我提什么名、利，我只画我喜欢的。"胡苇叔叔"火爆网络，儿子平静如水，其兴奋程度远不及我。看到他的小板报有几期点击量超过了十万，上百家纸媒和网站撰文对他介绍，我便鼓动他一鼓作气、乘势而上，把"胡苇叔叔的小板报"办成一个知名网络品牌。据说，经济效益也会

❶ 作者在这里采用插叙的写作手法，丰富了文章内容，使故事更加完整，也有利于情节的展开。

❷ 这是一个父亲对儿子的评价，从这里也可以看出父亲对儿子的要求十分严格。

因此极为可观。儿子听了轻描淡写地告诉我，已经有N个商家联系他，称只要在小板报中置入相关的商品内容，就有不菲的回报。儿子全部拒绝了，他不愿让"胡茬叔叔的小板报"沾上铜臭味。他的工作实在太忙了，又不肯凑合，一幅画要耗时几天，小板报长时间不能更新，粉丝量不断下降。我有点替他着急，儿子却表现得风轻云淡：风过了，一切就会归于平静。我当初画小板报是为了缅怀童年时光，并没有想借此出名、发财。

儿子也确实特立独行。当初，我为他规划的人生路线图是成为一名美编。然后按部就班，娶妻生子，最终凭借资历和能力熬成编审，此生足矣。①儿子以全国专业课遥遥领先的成绩被北京印刷学院装帧设计系录取，但在最后填写志愿时，还是偏离了我为他做出的规划：把做一名广告人当作人生目标。毕业后，他拒绝了出版社伸出的橄榄枝，在网上自投简历，先后辗转于几家广告公司。我对广告业知之甚少，儿子对他就职的公司也从不炫耀，我还是在和年轻朋友聊天中偶然获悉，他先后服务的公司全是行业翘楚[1]，牛得很，比如百度，比如奥美。他以三十出头的年纪成为一家行业巨头的创意部副总监，也算小有成就。

他的特立独行还表现在择偶上。这些年，通过各种渠道推荐给他的女孩儿都无疾而终，用儿子的话说是谈不到一块。他曾上过电视节目，最终牵手的舞蹈

❶ 儿子填写志愿没有按着"我"为他规划的填写，毕业后又拒绝出版社伸出的橄榄枝，而是在网上自己投简历，找工作。从这里可以看出儿子十分的独立，不想依赖任何人。

---

[1] 行业翘楚：是指在某个行业中非常优秀、遥遥领先、超群出众，出类拔萃的存在。

教师身材婀娜、气质高雅，也因为缺乏共同语言没能走到一起。他对收入、家庭、职业甚至外貌并不看重，说到一起成了最重要的择偶条件。由此，我感受到他的纯净和率真。我希望这一份率真像常青的松柏，在他的心中永不凋谢。

至于儿子的悲悯与善良，更是从小就体现出来了。①他走向社会以后，我的各种求助短信常常被他雪藏，唯一"秒回"的是带有扶贫性质的购买链接：甘肃的苹果滞销了，山西的大枣积压了，他在接到短信的一分钟之内肯定会回复三个字：已下单。我很少称赞儿子，最郑重其事的一次表扬发生在某一天晚上，他提着一个装满蔬菜的塑料兜敲开家门以后。——刚才路过地下通道，他"包圆儿"了一位老太太地摊上的所有蔬菜。他不愿意看到老太太在寒冷的夜风中战栗；他希望老人家能够早一点回到遮风避雨的家中。

说来惭愧，我曾经以自己为案例，向儿子进行励志教育。告诉他，我怎样凭借自己的刻苦与努力，从一名普通工人奋斗成作家。我总觉得，生活条件好于我幼年不知多少倍的儿子，远不如我当初勤奋、向上和具有使命感。②认真想想，儿子要比我旷达、执着和富有灵性。他并不是一个懒散、平庸的孩子，他有自己设定的人生标高，为了达到这个标高，他早出晚归，也在风雨兼程。或许是基于自己的阅历和经验所形成的自信，以及控制欲得不到满足时所产生的失落，让我对儿子的评价产生了偏差。其实，"所有时代的诗人都在为一首不断发展着的'伟大诗篇'做出贡献。"海

❶ "已下单"这三个字进一步突出了儿子十分善良，对那些贫困的人充满了怜悯。

❷ 这里是作者对儿子肯定的评价，内心充满欣慰，也表露出一个父亲对儿子的称赞。

涅强调"不断发展",体现出了诗人的不同凡响。① 不是吗,每一代人有每一代人的人生起点,每一代人有每一代人的历史责任,年轻人与老年人在思想观念和行为方式上的差异,往往会成为社会发展的动力。

周末,儿子看球到半夜,第二天十点了还没起床。他遗忘在客厅里的手机突然响了,我赶紧举着来到他房间,掀开被子习惯性地在他的臀部击了一掌。别招我!依然是几十年一贯制,儿子用这三个字表达不满。我把手机杵给他:电话!

② 站在门口,我听到儿子的声音沉稳、干练,完全不同于刚才的孩子气:对,时间是有点紧,但还是要给客户两个 option,让客户在比较中做出选择。这样,我们的工作量是会增加,但是后续才能缩小范围、事半功倍,避免无用功。

我看了一眼儿子,背对着我的这个跨国广告公司副总监和那个时常被我调侃的"咖啡豆"反差有点大。无论是否适应,我必须面对的事实是:那个貌似慵懒的"咖啡豆",已经被时光雕塑成了公众号有着几十万粉丝的"胡茬叔叔"。

③ 儿子大了,我们老了。历史,不就是在无数这样的悄然变化中砥砺前行[1]吗?

❶ 作者在这里讲的是一代人与一代人的差异,历史使命不同,所以思想观点与行为方式都会不同。

❷ 作者在这里采用了语言描写,鲜明地展示出儿子的性格,生动地表现出儿子的思想感情,深刻地反映了儿子的内心世界。

❸ 作者在文章最后用了一个疑问句,引起读者的深思。

---

[1] 砥砺前行:这里是指历史经历磨炼,克服困难,往前进步的意思。

延伸思考

1. 作者在文章中讲了儿子的哪些特点？

_____

_____

2. 作者为什么会说那个貌似慵懒的"咖啡豆"，已经被时光雕塑成了公众号有着几十万粉丝的"胡荏叔叔"？

_____

_____

耳 光

名师导读 ▶

耳光，是父亲对儿子的一种教育，他不仅带给作者身体上的疼痛，还让作者从逃票的兴奋中冷静下来，并认识到自己的错误。一记耳光蕴含的不只是满满的父爱，更是父亲给孩子成长路程中讲的一堂生动的课程。

①我永远也忘不了那一记耳光。

我实在没有料到，一向反对棍棒教育、文弱且极少发怒的父亲，会以迅雷不及掩耳之势，突然在我的脸颊上落下重重的一掌。

起因十分简单。

我去游泳，回来时饥肠辘辘，便用准备坐车的五分钱买了一碗小豆粥。车仍然坐了——下车时我藏在大人的身后，躲过了售票员的眼睛。到家后，当我眉飞色舞地把逃票的经历讲给父亲时，我本来期待一两句褒奖，不想却换了一记耳光。猝不及防，没有任何

❶ 开篇"我永远也忘不了那一记耳光"即照应题目，也为下文事情的原因做铺垫，引起读者阅读兴趣。

铺垫。

父亲本不该这样。

这以前，我和几个小伙伴曾瞒着大人到护城河游泳，因为走散了，我不认得路，回家很晚。父亲还以为我遭到不测，见我回来连喜带气，将手臂高高扬起，众人皆惊，做劝阻状。然而父亲高扬的手臂只是缓缓落下，在我的脸上轻轻一拍，以致劝阻者哑然失笑，道："您这是打他呢，还是给他搔痒痒呢？！"

可是这一次父亲仿佛用尽了平生的力气，以致过了半天，我的耳畔还嗡嗡作响。

我很委屈，那一晚我没有吃饭。

睡觉的时候，父亲用手抚摸着我的脸颊，问："还疼吗？"我没有说话，只是默默地流泪。在那一刻，我甚至在内心发誓，一旦有能力自立，便离家出走，即便父亲病了，也不再回来看他一眼。我要让他为自己的这一记耳光付出十倍乃至百倍的代价。

父亲似乎看透了我的心事，沉默良久，他靠在床边，点燃了一支香烟。

❶ 此处引用经典的故事，是父亲对儿子的教诲，他想告诉儿子"蚁穴虽小可溃千里之堤"的道理。

就是在那个月色如水的夜晚，<u>❶我第一次听到了那个曾流传久远、震撼人心的故事</u>：在很久很久以前，有一对母子相依为命，母亲很疼爱自己的儿子，以致对他百般呵护纵容。有一次，儿子偷了邻居的东西拿回家，母亲不但不责备，还夸奖他聪明能干。于是儿子一发不可收拾，最后发展成了一名江洋大盗。后来他被逮捕归案，判了斩刑。临刑前，儿子提出再吃一口母亲的奶水。痛不欲生的母亲答应了，没想到儿子一口咬掉了她的奶头，并指责她说："你生养了我，却不教育我。如果当初我偷了邻居的东西你不是夸奖我，而是责备我，让我明辨是非，我怎么会有今天的下场呢！我好恨你呀！"

讲完这个故事，父亲拿一块湿毛巾擦去我脸上的泪痕，说："我当财务科长十几年，从我手上走过的钱财成千上万，我虽清贫，但聊可自慰的是，从没有拿过公家一根草棍儿！我今天所以打你，就是想让你牢牢记住：蚁穴虽小可溃千里长堤，那个江洋大盗最初也是从偷一些小东西开始的。当然，你没有去偷人家东西，但是上车不打票，和偷拿人家东西在本质上没什么两样，都是一个字：贪！"说着，父亲站起身，从衣架的衬衫里取出钱包，掏出两毛钱放在桌子上，严肃地叮嘱我，"你再去游泳，要多打一张票，要向售票员说明情况，能做到吗？"

❶我点点头，泪水再一次溢出眼眶。

那一年我九岁。当时我虽然还不能完全懂得这故事中蕴含的深奥道理，但是凭直觉我感受到了父亲的舐犊之情。从那以后，每逢在生活中遇到金钱的诱惑，我总会想起那记耳光，想起那个月色如水的夜晚⋯⋯

一晃儿，30多年过去了。

昨天，我携妻儿去为父亲祝寿。全家人都去了，足有20多口。在饭店工作的大哥花了200多元特意为父亲定做了一个大号的蛋糕，孙辈们则忙着在蛋糕上插满75根红蜡烛。蜡烛点燃了，在《祝你生日快乐》的乐曲声中，父亲鼓足气去吹熄蜡烛。借着幽幽的烛

❶ "泪水再一次溢出眼眶"这次"我"流泪和前一次有着很大的不同，第一次流泪是因为委屈而流泪；这一次流泪是听完父亲讲述的故事而明白父亲打他是爱他的表现，父亲不愿他走入歧途。

光，我的心头突然一阵酸楚：哦，当年那个风流倜傥的父亲已经不复存在，眼前分明是一个已近迟暮的老人：双颊深陷，银发稀疏，脸上布满深深的皱纹。时间原是一个无形的杀手，于不知不觉中竟将人的生命之树渐渐蛀空。

吹完蜡烛，大姐代表全家向父亲祝酒。

父亲端起酒杯，仰头喝了一口，然后，望望家人略带歉疚地喃喃道："难得你们有如此孝心。我这一生……唉，只有一把算盘，两袖清风，没有什么财产可以留给你们。想起来，实在有些惭愧啊！"

人老了，便容易伤感。大哥见父亲的眼圈有些发红，忙劝阻道："哎，您何必自责呢？儿女们都已自立，可以凭借自己的双手吃饭，一个个不都挺好吗？"

我也说："您没给我们留下多少食物，却给我们留下了猎枪，这是可以终生受用的。"

父亲闻言先是一愣，继而欣慰地笑了。在烛光的映照下，我看见他脸上的每一条皱纹都舒展开来。

回家的路上，十岁的儿子问我："爸爸，你说爷爷给你留下了猎枪，放在什么地方了，我怎么从来没有见过呢？"

① 于是，我向他讲述了耳光的故事。

❶ 结尾再一次提到"耳光"照应文章开头，表明"我"希望儿子理解"我"的故事，从而在以后的人生中茁壮成长。

延伸思考

1. 文中的"我"先后两次流泪，联系上下文，谈谈"我"两次流泪的原因分别是什么。

_____

_____

2. 父亲给"我"讲的故事，"我"因为年纪小，不能完全懂得故事所蕴含的道理，请你说说这个故事蕴含了什么道理。

_____

_____

3. 请谈谈你对"您没给我们留下多少食物，却给我们留下了猎枪，这是可以终生受用的"这句话的理解。

_____

_____

第二辑

人生就是一场偶遇

这个世界是自己走路的，没有人能
帮你选择，无论多么懂得你、心疼你的人，
都无法替代你去生活去感受。

——陈染

【2020 年湖北省襄阳市枣阳市中考语文模拟试卷】

记叙文阅读。（10 分）

邻里之间

①刮风了，丈夫起身关门。门是撞锁，咣当一声。

②妻子从厨房跑出来，瞪一眼丈夫：声儿太大！然后握住门拉手，轻轻拧开，又轻轻关上，没一点声音。示范完毕，妻子对丈夫说，千万别使劲儿。不然，小高会觉得我们对人家有意见。

③丈夫一愣，觉得妻子说得在理。

④前两天，丈夫和小高姐妹同乘电梯上楼。小高问，散步去了？丈夫答：是。小高的姐姐说：吵到你们了吧？我们嗓门儿大。小高说，是啊，这两天我两个姐姐都来了，还说跟你们道个歉呢。你是作家，好静。丈夫连忙摆手，不，不，一点关系都没有，有点说笑声还提振人气呢！

⑤丈夫说的是心里话。他们住的小区"候鸟"居多，每年"十一"后才开始来人。今年他和妻子来得早，整个小区有点冷清。隔壁小高一来，楼层才不时响起一阵阵欢笑声。小高夫妇很友善，下楼时，

他们常顺手把妻子放在门口的垃圾袋拿走；到物业取东西，只要有妻子的邮件或快递，肯定会一并带回。

⑥ 30 多年前，丈夫和妻子搬进楼房。或许是平常工作太忙，住了多年，丈夫还认不清一个楼层的邻居。退休了，他们在三亚买了房，每年来三亚过冬，竟又找回了当年住大杂院的感觉。北京、上海、重庆、陕西、内蒙古……这里的住户来自五湖四海，基本都是退休老人带着孙子孙女，每天的活动就是休闲和锻炼。

⑦丈夫喜欢小孩儿，有一回，丈夫含了一块椰子糖，来自山西的蒙蒙走出几步了，竟回过头来问：爷爷，您嘴里吃的是什么呀？得知是糖后，很认真地说：爷爷，吃糖对牙齿不好，以后，您少吃点行吗？见丈夫答应了，小家伙又走回几步伸出手，说那我们击掌吧！霎时，丈夫被蒙蒙的天真无邪感动得一塌糊涂。还有抚顺的三宝妈、太原的姐妹俩、呼市的刘姐、吉林的李哥，每个人都有一串动人的故事；每个故事后面都有一段难忘的温情。

⑧当然，见面最多的还是小高夫妇。

⑨小高不小，55 岁了，今年刚退休。和她的先生一样，潇洒挺拔，活力四射。退休后的生活是他们早就规划好的。小高曾找过妻子，每天在家不闷吗？我们一起去唱歌吧。于是妻子就和小高一起去唱歌了。

⑩最让丈夫和妻子感动的是昨天半夜。丈夫被妻子拽醒，睁开眼，妻子说突然天旋地转，头不能摆动，眼也不敢睁。丈夫慌了，客居他乡，亲朋好友都远在千里，怎么办？他一下想到小高夫妇，忙起身去敲门。小高问明情况，不由分说道：拿好医保卡，戴上口罩，我们有车，马上去医院。接下来，挂号、问诊、各种检查，小高夫妇忙前跑后，细心周到。丈夫觉得不再孤单了，像一叶扁舟，虽然有风浪打来，但船上除了他，还有两个信得过的水手呢！所幸，医生说心

血管无大碍，可能是颈椎问题，可以到门诊做进一步检查。出了急诊室，丈夫觉得很抱歉，说虚惊一场，让你们受累了。小高说，虚惊一场好，虚惊一场是最好的结果！

⑪打道回府。三亚的夜空并不黑，而是透着一片深蓝，如同平静时的大海，妙不可言；皎洁的月色如同一张网，罩住了大地上的山川河流和花草虫鸣。与白天相比，周边的山和远处的树都不再清晰，如梦如幻。丈夫突发奇想，把皎洁的月色想象成一本童话书的封面，如果翻开，里面该有多少动人的故事和传说啊！

⑫真美。注视着车外的景致，丈夫由衷地感叹。

⑬真美！小高的先生握着方向盘随声附和：来三亚两年了，还没有认真欣赏过它的夜色呢，今天，算是补上了这一课。

⑭噢，对了，丈夫是我，一只喜欢飞翔的"候鸟"；我们住的小区叫"棕榈滩"，一个充满诗意的名字。

⑮其实，诗不仅在远方，也在我们的生活中每时每刻生成！

（选自《人民日报》，2020年3月7日第8版）

1. 通读全文，说说你是怎样理解文末画线句子的。（2分）

_____

_____

2. 联系上下文，品味下面句子，思考并回答括号里的问题。（3分）

噢，对了，丈夫是我，一只喜欢飞翔的"候鸟"；我们住的小区叫"棕榈滩"，一个充满诗意的名字。（人称由"丈夫""妻子"转换为"我""我们"，人称的变化在写法有什么好处？）

_____

_____

3.品析第⑩段画线句子，说说修辞手法使用所产生的表达效果。（3分）

_____

_____

_____

4.下列对选文的理解和分析，不正确的一项是（　　　）（2分）

A.第②段中两个加点词"轻轻"细致入微地表现了妻子生怕影响他人的心理。

B.⑥至⑦段是插叙，从表现小说人物形象的角度来看，这两段去掉也不影响表达效果。

C.第⑪段自然环境描写营造了美好、温馨的氛围。

D.作者在文中抒发了对三亚美好生活的向往之情。

误会记

名师导读

《误会记》主要讲作者因为自己近视，闹出了很多笑话，不仅让自己的身体受到了伤害，还使自己的精神饱受折磨。这篇文章一定会给大家上一节生动的警示课。

❶ 作者在这里详细地介绍了 A 的性格特点，以及"我"和 A 的友好关系，为下面的故事埋下伏笔。

❷ 这里主要讲两个交情甚好的朋友不知什么原因就谁也不理谁了，作者在心里埋怨 A 是一个善变的女人。

A 是我的朋友，很熟。一见面便可互击对方一掌，彼此无边界调侃。

① 她是巾帼，性格却不让须眉，泼辣、率直，有话就说，有不平就骂，从来不藏着掖着。我们的友谊一直持续，见面总能聊得眉飞色舞，逸兴遄飞。

可是，有一段时间她眉梢一扬，突然视我如同路人，爱搭不理。

② 我百思不得其解，不是说小孩的脸是六月的天，

说变就变吗，怎么一枚熟女也学会了川剧中的变脸？她不理我，我自然不会觍着脸去主动搭讪她，友谊的小船说翻就翻了。后来一次聚会偶遇，彼此很不自然地打了个招呼，完全是拘着主人的面儿。① 犹豫再三，我还是很不忿地问了一句：姑奶奶，怎么得罪你了？A也藏不住话，白了我一眼，气哼哼道："我还想问你呢？几次相遇，我老远就和你打招呼，你连看都不看我一眼。当主编了，牛掰了哈！"

天地良心，我相信她说的是实情。但我近视，几十步开外分不清男女，走路又不愿意左顾右盼，从来没有注意到她和我打过招呼。

彼此哈哈一笑，"警报"瞬间解除。

我是上中学后近视的。我的父亲是个念过私塾的好好先生，有一次我去工人体育场游泳，坐车时逃了五分钱票，买了一碗小豆粥。父亲得知后，一个耳光扇得我差点满地找牙。转天他给了我两毛，嘱我坐车时务必多买一张票。对老人家，我一直心怀敬重。但有一点却让我忧怨至今：小时候躺在床上看书，他没有及时制止，让我成了近视。

近视带给我的打击首先是参军。

我想当兵，可是视力不达标。于是天天清水煮羊肝，一点盐都不敢放，以致后来一提羊肝两个字就反胃；还找了一位"二把刀"针灸大夫，不到一周就把我扎成了乌眼青。我买了一张视力表贴在墙上，一天N次测试，眼神儿没见好转，视力表却记了个滚瓜烂熟。兵终于当上了，可也付出了血的代价。② 一次执行任务，

① 这里讲了A为什么疏远"我"的原因，主要是跟"我"打招呼"我"没有理会人家。

② 作者列举了自己当兵时因为视力不好，把门牙撞掉的事件，让自己饱受近视的伤害，进一步证明自己的视力太差。

我和战友穿越一条战备山洞，因为光线太暗，一道大铁门的门把手生生撞掉我两颗门牙。我噗一口吐出满嘴牙渣，疼得龇牙咧嘴、倒吸冷气，内心还暗自庆幸，幸亏那门把手没有再上移两寸，不然，我八成要去残联报到了。

近视带给我的伤害不仅是肉体上的，主要还在精神层面。

走过几个单位，我有一个如影相随的缺点：清高。其实，不是我清高，是我近视；不是我不爱理人，是我看不清对方是谁。A那样的情况时有发生，我也想汲取教训，反而闹出了更大的笑话。比如，眼见远处有人在向我微笑、颔首，我便忙不迭地报之以同样的微笑，并频频摆动右手，提高热情指数。走到跟前才发现，人家正直勾勾望着我，眼神空洞而茫然，不知道这位微笑并做招手状的陌生人，是哪一路大仙。

我尝试过戴眼镜，妻子说，我戴眼镜比不戴眼镜颜值还略高一点点。^① 但因为我爱出汗，镜片常常会蒙上一层雾气；加上有丢三落四的毛病，擦拭后的眼镜随手一放便忘了拿，一年中丢了好几副，真是烦不胜烦，索性不戴了。我是北京友谊医院近视眼矫正手术的第一批患者，在眼球上割了几十刀，术后双目裸视1.5。摘下眼罩那天，世界仿佛刚刚用清水洗过，在我的视野中变得清澈、明亮、纤毫毕现，真是美妙至极。可是我要看书、写作，假以时日，世界在我的面前重新变得模糊起来。好在，退休后没了耀眼的光环，"清高"的指斥不再如影随形。

① 指出戴眼镜带来的不便，加上习惯不好，还是不戴眼镜方便点。

① 质疑的声音少了，闹出的笑话却一个接一个，乐不可支。

前些日子，我赴一个饭局，一进包间，见一位雍容华贵的女士在休息区的沙发上端坐。见我进来，她似乎很友好地点点头，然后很熟络地打招呼：卫东，来啦。我也礼节性地摆摆手，回了一句："你好。"那位女士又很不见外地找补道："咱俩都到了，做东的人怎么姗姗来迟？"我随声附和，其实我根本没有看清她是谁。干坐着忒沉闷，就咸一句、淡一句扯起闲篇儿。她和我似乎很熟，对我的情况了然于胸[1]，时不时还能点评两句我的新书。② 在虚荣心得到极大满足的同时，我终于忍不住小心翼翼地问了一句：您，是哪个单位的？没想到对方一下恼了，柳眉倒竖、杏眼圆睁，凶巴巴怒斥：怎么，你不认识我啦？你，你也太过分了吧？说着起身冲到我面前，举起巴掌做出欲扇状。我这才认出，她是我极熟的一位朋友，北京电视台某频道总监，其熟络程度不亚于 A。我无言以对，羞愧万分，忙不迭检讨，找出 N 个托词辩白。当然，近视是一个重要理由。

毫无疑问，这个桥段成了随后席间的重要谈资。

友人纷纷对我表示愤怒和谴责，并一致通过如下决议：道歉不能停留在口头，鉴于该同志不认朋友的严重错误，应另组饭局赔礼以示诚意。

③ 没想到这之后，又闹出了一个更大的误会，让我被大家尽情嘲笑，以至于有人说笑岔气了，要向我

❶ 过渡段，既有承上启下的作用，也可以使文章内容显得更加连贯、紧凑。

❷ 动作描写，从女同志的动作上我们可以看出她十分生气，见"我"问她是谁，气得想扇"我"一巴掌。

❸ 因为近视让"我"闹出的笑话越来越离谱，这一自然段为下面的故事做了铺垫，有引出下文的作用。

[1] 了然于胸：这里是指这位女士对"我"的情况心里非常明白。

提出索赔。

事情是这样的：我们就餐的远洋未来广场有好几个门，饭局散时，我叫了一辆网约车。但我分不清东南西北，电话里和网约车司机纠缠不清，站在寒风中被冻得瑟瑟发抖。正急得我无计可施，忽然一辆白色丰田轿车一打右转向灯停在我面前。车窗徐徐摇下，一位中年男人探出脑袋向我示意。我忙拉门上车，没好气地埋怨："我都等十多分钟了，怎么回事呀你？"司机既不答话，又不开车，我很奇怪，"走啊，发什么愣呀？"司机问："去哪儿？"我答："三元桥啊！"又很不客气地质问，"你是不是网约车，该不会是跑黑车的吧？"

① 司机瞅我一眼，有些不屑，挂挡、给油，丰田汇入车流。

彼此无语。终于，司机憋不住了，表情诡异地问："你真不认识我了？"我怔怔地看着他，不知道他要干吗。司机摇摇头，一声叹息："咱们刚在一起吃完饭呀。"我顿时石化，刚才聚会有一位朋友初见，我们还寒暄过几句，莫非是他？司机拍拍我的肩膀，堆出一脸苦笑："对，正是鄙人啊。我从停车场出来，看见你在路边站着，停车跟你打个招呼，不想被你当成黑车司机了。"

② 半小时后，这个段子就在刚建的小群里炸了锅。

进而像涟漪[1]一样次第扩散，在我的朋友中成了一个沸点。我尴尬、惶恐，转念一想：这件事在带给我极大"负面"影响的同时，也无意间帮我澄清了一个

❶ 作者在这里描写了司机的神态，一个"瞅"字把司机当时郁闷的心情刻画得淋漓尽致。

❷ 作者巧妙地运用比喻的修辞手法，生动形象地写出了"我"闹的笑话给大家带来的反应非常大。

---

[1] 涟漪：这里是说"我"认错人这件事就像水中的涟漪一样渐渐扩散。

事实——如果走在对面没招呼你，不是我清高，肯定是没有认出你。

其实，生活中很多事都不必忙着下结论。罗伯特·卡帕说，真相是最好的照片——只是，它需要在时间的显影液中浸泡足够的时间。^①有知名主持人曾问一名要当飞行员的小孩："如果有一天，你的飞机飞到太平洋上空所有引擎都熄火了，你会怎么办？"孩子想了想说："我会让飞机上的人绑好安全带，我挂上降落伞跳出去。"观众听了笑得东倒西歪，主持人却发现有泪水正从孩子的眼眶中涌出，于是又问："你为什么要这么做？"小孩回答："我要赶紧去拿燃料，我还要回来！"

孩子说出的真相，令人感慨。^②生活中我们不希望被人误解，常常是因为没有机会辩白。

❶ 作者在这里列举了一个被误会的事例，因为主持人给了小男孩儿解释的机会，所以误会被解除。

❷ 这句话的意思是在生活中我们希望能得到别人的理解，就怕没有机会解释。

延伸思考

1. 作者是因为什么跟 A 弄翻了友谊的小船？

2. 近视给作者带来了什么烦恼？

3. 大家是通过哪件事才知道作者不是清高，而是因为近视？

岁岁花开一忆君

——追忆柳萌先生

名师导读 ▶

《岁岁花开一忆君》是作者怀念柳萌先生的一篇文章，主要讲述了作者和柳萌先生之间的关系，以及柳萌先生的为人，读了这篇文章你不仅会为柳萌先生的为人赞叹，也会羡慕他们之间的友谊。

柳萌先生离开我们四年了。

① 四年的光阴，岁月轮转、晨昏交替，日子像秋天的落叶铺满一地，我依然没能把这一份忧伤安放。它是一眼苦涩的泉，会在不经意间汩汩冒出不尽的思念，淹没心中的山水。

这些文字，是卸去忧伤的扳手，在我心中已经被泪水浸泡得太久。

❶ 作者在这里运用了一个比喻句，把对柳萌先生的思念比喻成一眼苦涩的泉，形象生动地写出了作者对柳萌先生的感情之深。

一

咚、咚，有人轻轻叩门。

我站起身，见门外是一位 40 来岁的中年汉子，穿一件蓝色中山装，提一只黑色人造革公文包。分头、中等身材，白边近视眼镜的后边是一双充满期盼的眼睛。那眼神略显沧桑，有一缕劫后余生的凄切。

——噢，你是老柳吧，请坐。

20 世纪 80 年代初，一个春寒料峭的上午，我与柳萌在办公室初见。

^①当时我 26 岁，在名声显赫的中国青年出版社已经当了四年编辑。年少轻狂，像是坐在黄山云谷索道的缆车里，放眼望去，一路都是迷人的风景。所以能够准确捕捉到柳萌的微表情，是因为读了他在《中国青年报》上发表的一系列散文——一个曾经的落难者对苦难的真切记述，有难以释怀的人生体验，也有对光明的礼赞和追寻。那是一个春光乍泄^[1]的年代，这些充满真情与哲理的文字，让我们回望离去不远的冬日，也更加珍惜春天的来之不易。

❶ 一个比喻句形象地把作者当时意气风发的样子描写得淋漓尽致。

^②茫茫人海，擦肩而过是大概率，能同行一段路便是前世有缘了；终生不离不弃的朋友有如沙金，经岁月的漏斗过滤，最终剩不下几粒。

❷ 能一辈子是朋友，真的像作者所说的不容易，为下文埋下了伏笔。

没想到，我和柳萌自那个上午相识，友谊一直持续到天人两隔。

[1] 春光乍泄：指春天明媚的阳光刚刚开始普照大地，温暖寰宇，使万物复苏。比喻某事物初次面世或某种现象刚开始出现。

最难忘一个细节。经我力荐，主任林君雄同意把柳萌那些血泪浸泡过的文字，以《生活，这样告诉我》为书名结集出版。在后来团中央和中宣部联合举办的全国优秀青年读物评选中，这本书当之无愧名列榜首。取样书时，柳萌似乎有话要说，却犹豫着没有说出。走到楼梯拐弯处，他还是停下脚步，回头对站在办公室门口目送他的我嗫嚅问了一句：<u>"① 这……这本书有多少稿费？"那一刻，柳萌神情复杂，羞涩而又忐忑，像是一头误入迷宫的梅花鹿，有些跌跌撞撞。听了我的回答，他的目光倏地一暗，竟有一缕遗憾挂在脸上。</u>

这让我很意外，内心深处也有些不屑。

后来我才知道，他是要用这笔钱给爱妻买一台钢琴。妻子是音乐老师，拥有一台钢琴是她最奢侈的梦想。在柳萌处于人生谷底的时候，多才多艺的姑娘毅然嫁给了他这个"右派"。后来因为他受到牵连，妻子的精神出现异常。只有沉溺在优美的旋律中时，她的心灵才有了可以栖息的绿巢。可是书的稿酬不过千元，距离买一台钢琴至少差四五百，柳萌的失望令人唏嘘。

<u>② 和柳萌熟了，我知道了，抗美援朝战争爆发，15 岁的柳萌瞒着母亲考入中国人民解放军军政干部学校；四年后转业到《人民航运报》做编辑；1961 年成为内蒙古一名电信工，终日奔波在荒郊野外。</u>有一年春节，柳萌赶回天津过年，随手抓了一把桌上的瓜子，刚懂事的儿子竟对他说："这是我们家的瓜子，你别吃！"一旁的母亲听了，对孙子说："他是你爸爸呀！"

❶ 语言描写，从中我们可以看出柳萌当时生活处境不是很好，对这份稿费很在意。

❷ 作者在这里简单地概括了柳萌的个人简历，从中我们可以看出柳萌的前半生颠沛流离，历经坎坷，受尽了生活的磨难。

小刘杉却一扭脸："我不认识他。"柳萌闻言，鼻子一酸走到门外，听任刺骨的寒风吹干了涌出的眼泪。

　　① 儿子对他生疏太正常了。因为聚少离多，他和妻子也难得见面。那年柳萌去看望在唐山中学任教的妻子，晚上夫妻俩只能找一间教室，拼几张书桌，搭一个临时睡觉的窝。半夜，有坏学生突然向教室里扔石头，差点砸中他们的头，妻子吓得抱住柳萌，浑身战栗。

　　这时候，只有彼此的心跳，才能使对方抵抗恐惧，安如泰山。

　　② 我看到，从团结湖的"蜗居"到亚运村的"豪宅"，柳萌费尽心力买来的钢琴，始终摆放在家中最醒目的位置。那是爱情的证物，白天承载着阳光的照拂，夜晚接受着月色的洗礼。每次去柳萌家，他的妻子都会从里屋走出来，绽放一脸微笑，高兴地打招呼："噢，杜卫东来了。"随即她坐在沙发上和我闲聊。她愿意和我说话，四目相对时，这位历经风霜的女性的目光不再惊恐、呆滞，如同荷叶上的露珠，会有灵光闪现。朋友们吃饭，她会静静坐在柳萌身旁，安详地享受着丈夫的细心照顾。③ 柳萌会一根一根把鱼刺剔出，然后把鱼肉放到她面前；而且无论是谈事还是聊天，柳萌的余光从来不会离开妻子，只要妻子的目光在哪道菜上略作停留，他都会适时问一句，吃虾呀？吃肉啊？然后小心地把菜夹给妻子。

　　每每这时，柳萌的目光情深如酒，看一眼能让人心醉。

　　20世纪90年代初，我和徐刚、硕儒、柳萌应邀

❶ 细节描写，作者列举了柳萌夫妇相见一次十分艰难，连一个像样的宿舍也没有。

❷ 不管条件怎样好，柳萌费尽心思买的钢琴始终没有被丢弃，从中反映了柳萌对妻子的爱是发自内心的。

❸ 作者在这里详细地描写了柳萌的动作，我们从柳萌对妻子无微不至的照顾中，可以看出他对妻子浓浓的爱意。

到南方采风。行程几千里，辗转广西、海南数省。一路上，柳萌牵着妻子的手从未松开过；脾气有些急躁，后来在单位因行事果断而有"老板"之称的柳萌，在妻子面前永远是那么温柔、细心、周到。我从来没有看见他对妻子大声说过一句话，更甭说发脾气了。一次笔会，当地的主人知道柳萌近年习书，已很有造诣，于是请他留下墨宝为念。柳萌略作推辞，便提笔凝思，片刻之间，龙蛇飞动，"物华天宝"几个酣畅淋漓的大字跃然纸上。就在围观者啧啧称赞时，一旁的妻子很突兀地说："我也得写！"柳萌闻言，脸上绽开会心的微笑，马上把毛笔递到妻子手中，并铺好宣纸压上镇石。① 他就是这样，日复一日、年复一年地照料、体贴着病中的妻子，甘之若饴、无怨无悔，那一份耐心、那一份真情，折射的是男人的责任与担当。它是晶莹的钻石，把柳萌的人生装点得庄严而高贵。柳萌曾经告诉我，在内蒙古劳改时，他无端受到牵连，只穿一条短裤，被赶到冰天雪地里，冻得几乎失去知觉，是妻子坚贞不渝的爱支撑他走过了人生最黑暗的路程。他明白，即便夜色再浓，人世间也会有一扇窗户等待他团圆；虽然一灯如豆，却使心中的黑暗不再弥漫。

② 柳萌感情细腻，我几次见过他潸然落泪。撕心裂肺的痛哭，却是在那个晨雾弥漫的早上：妻子猝然离世。我得到消息拨通柳萌座机，还未及张口，柳萌的哭声已传了过来，如决堤之水，咆哮奔腾、一泻千里。我喉头哽咽，顿时也泪如雨下。是呀，柳萌如果是一

❶ 这里是对柳萌对妻子那无怨无悔的照料进行了赞美，把它比喻成晃人眼睛的钻石。

❷ 作者巧妙地把柳萌的哭声比喻成决堤的水，形象地写出了柳萌对妻子的离世十分悲痛，进一步突出了他对妻子的感情十分深。

片静谧的海,妻子就是一道坚固的堤坝。如今堤坝倒了,柳萌情无所系、心无可依,他心中的苦楚又怎是一个痛字了得!

亲爱的兄长,我不是有神论者,但我希望天道有轮回,善恶终有报。您与妻子瑶台相会,久别重逢,每天的日子一定会有天使礼赞,歌声陪伴。

① 在天堂,幸福会像花儿一样为好人开放呢!

❶ 这是作者从柳萌因妻子离世而引发的感慨。

二

说来也怪,有人相识再久,心也像平行的铁轨,永远不可能交会;而有的人只要打个照面,彼此确认一下眼神,就可以走进对方心里。

② 我与柳萌相差 18 岁,勉强算得上两代人。也许,就是初见时那一眼对视,奠定了我和他一生的兄弟之情。那是一双历经风霜、写满故事,却依然清澈如水,不曾被世俗玷污的眼睛。

❷ 作者在这里详细地写出了他和柳萌之间的感情超越了年龄的限制,就好比一对兄弟。

柳萌让独子刘杉叫我叔叔,让孙女喊我爷爷。小姑娘遗传了柳萌儒雅、聪慧的基因,举止端庄、气质高贵,自带一种童星范儿。或许她认知中的爷爷和我并不完全契合,在北京饭店中国作家协会举办的春节团拜会上,小姑娘用狡黠的目光望望我,没有说话。柳萌郑重其事地说:"他是爷爷的弟弟,你理应叫他爷爷。"听见孙女有点顽皮地叫了我一声爷爷后,柳萌开心地笑了。

③ 兄弟,多么厚重的一个称谓。诚如哲人所言:

❸ 运用重复句式道出了作者对兄弟一词的深刻理解,这也说明了作者与柳萌之间的感情十分深厚。

兄弟不是一幕短暂的烟火，而是一幅幽远的画卷；兄弟不是一次邂逅的相识，而是一份长久的相知。

岁月虽然老去，身后的往事却清晰如初。

①做了几年图书编辑，我渐渐对朝九晚五的生活模式有了些许厌倦，希望生活不是一潭静水，而是一条翻滚奔腾的河流。柳萌也觉得我还年轻，应该让生命如同瀑布，有一些落差。1984年初夏的一天早晨，他突然打来电话说："卫东，你不是想挪挪地方吗，我推荐你去《中国交通报》当记者部主任，已经说好了，报社人事处约你下午见面。"报社人事处长是一位端庄干练的中年妇女，她告诉我，调到中国作家协会不久的柳萌，本是交通部政策研究室的笔杆子，《中国交通报》复刊，主管副部长让他推荐一些骨干，他鼎力推荐了我。报社对我的情况还算满意，说如果中青社放行，他们马上发商调函。②这位叫王静的人事处长让我填了干部登记表，然后握住我的手，神情恳切："来吧，小伙子。世界上凡是有码头的地方，你都可以随我们的船队前往。"啊，大洋彼岸、异域风光，她的话在我的眼前展开了一幅诱人的画卷；我像一只即将放飞的雏鹰，对未知的世界心驰神往，跃跃欲试。可惜，出版社领导强力挽留，承诺解决我的住房，同意我去创办一本青年刊物。我脸皮薄，调动就此搁浅。不过，几年后我还是离开出版社，参与创办了两家无编制、无级别、不能评定职称的杂志，并乐此不疲，一干就是十年。所幸，我主持的杂志无不风生水起、印数接连翻倍。

❶ 作者想让自己的生活像瀑布，柳萌知道后就推荐他去《中国交通报》，从这里可以看出柳萌对作者十分关心，对他的事都很上心。

❷ 语言描写，这位人事处长的话肯定了作者的能力，也让作者浮想联翩。这也说明柳萌给作者介绍的工作有诱惑性。

① "卫东，你都 40 多岁了，不能再飘着了。"柳萌不止一次这样说。是啊，我同时期的编辑大都评上了副编审甚至编审，而我因为所在杂志没有正式编制，职称和级别都无法解决。对这些我并不特别看重，只要有干事的平台。柳萌却一直念念于心，1995 年春天他主持《小说选刊》复刊，立刻找到我，希望我出任副社长。那时，我所主持的刊物正处于低谷，步履维艰，我不忍心丢下眼巴巴看着我的同事，婉言谢绝了柳萌的好意。两年后，这本杂志的印数从 3000 册上涨到 4 万余册，生存环境彻底好转。正值中国作家协会向社会公开招聘高层管理干部，柳萌又联合了程树臻先生推荐我出任《人民文学》副社长。知道我无意参加程序复杂的招聘面试，还说服作家协会领导单独约我谈话。

忘不了 1997 年那个夏末的午后，在中国作家协会的一间小会议室里，陈昌本、郑伯农等作家协会领导和招聘小组几位成员，简单问了我一些问题，听我谈了一些办刊的想法，形式十分随意。我对这次调动抱着随缘的心态，没有做任何准备，所以也很放松。临了，伯农先生问了一个比较私人化的问题："你现在工资不低，又有专车，为什么想调到作家协会来？"我老老实实回答："年龄大了，想有一个稳定的归宿。"
② 谈话结束后，我刚回到家门口，就听见电话铃响个不停，开锁进屋拿起听筒，是柳萌："卫东啊，你的事定了，作家协会决定调你。"他的声音像是一串儿欢快、跳跃的音符，掩饰不住由衷的兴奋。我听了却有点儿恍惚，如此重大的一次人生转折，竟这样风轻云淡地

❶ 从柳萌的话中我们可以感受到他比作者还着急，这也进一步突出了柳萌对作者的关心。

❷ 柳萌听说作者的调动定了，好像比作者都激动，这也反映了柳萌把作者当成真正的好朋友，对于作者的事比较上心。

完成了。这是我离开体制十年后重新回归，是这次公开招聘中唯一从社会录用的干部，并且从副处破格提拔为副局，到素有"国刊"之誉的《人民文学》任副社长。

① 我长长吁出一口气，心中半是兴奋半是惶恐。想对柳萌说两句感谢的话，又觉得多余。还是柳萌如释重负地说："卫东啊，这回你的事落停儿了，我的心就踏实了。告诉你，对我的亲弟弟，我都没有这么上过心。"

闻听此言，我的心头一热，暗自立誓：此情终生不负。

柳萌不媚上、敢直言，在作家协会有"大炮"之称。其实，他是一只贝壳，表面坚硬，内在却极温柔；他耳根软、易轻信，别人的两句好话，也许就会让他捧出自己一颗心，那心里埋着一颗由善良凝成的珍珠。② 因为前半生尝尽人间冷暖，所以柳萌很看重友谊，也为此受过伤害，但是那颗珍珠却一直埋藏在心里，它的光泽从未黯淡过。凡是给过他爱和温暖的人，即便是一次善意的搀扶、一句关切的问候，柳萌也会感念于心。有一年，《人民文学》举办"茅台杯"颁奖典礼，结束后，柳萌"顺"走了桌上喝剩的半瓶茅台。他滴酒不沾，从不贪小，我料到这半瓶酒必是拿给司机。③ 果不其然，我送他出来，一见到司机，柳萌立马掏出怀里的酒，喜形于色地说："小宫，我给你'偷'了半瓶茅台，你拿回家去喝。"小宫是标准的"小鲜肉"，颜值很高，做人做事非常善良、真诚、本分。不止一次，

左侧批注

❶ 语言描写，我们从柳萌的话中可以体会到柳萌真的把作者的事当成自己的事，这也突出了柳萌是一个十分讲义气的人。

❷ 从这里可以看出柳萌是一个把朋友的事放在心上、非常看重情意、重注友谊的人。

❸ 细节描写，柳萌"偷酒"给司机，可见柳萌对司机的看重，进一步体现了他这个人品质高尚，对谁都很好。

柳萌私下和我感叹小宫的种种仁义，那神情异常庄重，像雨后的斜阳，有斑斓的情感在里面闪耀。柳萌仙逝，我看见参加告别仪式的小宫泪水滂沱，悲痛如同沸水顶起的壶盖，按也按不住。那是情之所至，装是装不出来的。

2011年春天，我的母亲不慎摔断股骨头，①看着年逾八旬的亲娘疼痛难忍，我快急哭了，忙打电话四方求助。柳萌得知消息后比我还着急，搜肠刮肚寻找线索，一会儿一个电话。直到在作家石厉的帮助下，我母亲顺利入院，他才松了一口气。老人手术出院后，柳萌又把家中的一个步行器送给了我。

扶着那个步行器，我母亲的身体逐渐康复。

现在，每每看见她老人家扶着步行器在房间活动，我都会想起柳萌，想起柳萌在母亲治疗和康复期间打来的一个个问候电话："卫东，你老母亲好些了吗？"

亲爱的兄长，上天眷顾，我的母亲至今身体尚好。子欲养而亲不待，人生之悲莫过于此；无论年岁多大，即便双鬓如雪，能叫一声妈就是最幸福的事了。令人悲伤的是，您的问询言犹在耳，我与兄长却天人两隔。

②悲乎哉？不亦痛矣！[1]

柳萌就是这样一个人，视友谊为人生最珍贵的财富。为朋友的事，他可以掏心掏肺。有一次，我接到柳萌电话，他说："卫东，你晚上来我家吃饭吧，我的冰箱里还给你留了螃蟹呢。"我感觉有点儿突兀，柳萌

❶ 这里是讲在作者有困难的时候，柳萌比作者还着急，这是多么令人不能忘怀的情谊啊。

❷ 引用文言文能够使语言凝练、精辟，更能让阅卷者立刻窥见作者文化积淀和人文素养，给人留下较佳印象，也便于作者抒发感情。

[1] 这句话的意思是悲是悲，痛是痛，这表示悲哀叹息之情。

的老家在渤海边上。蟹香时节，我几次和他回家乡"打秋风"，不缺这一口啊。他着急忙荒约我，肯定是有别的事。果然，柳萌主要请的是硕儒兄。起因是，他创作的电视连续剧《大风歌》在央视播出遇阻，作为编剧，硕儒兄的心情沮丧至极。①柳萌担心他郁闷成疾，特设家宴以宽其心。极其讨厌烟味儿的柳萌，竟然还特意为硕儒兄备了一盒好烟。那天晚上，柳萌掌勺，我们三个人在客厅把酒小酌，直抒胸臆，直到月影西斜。谈笑间，硕儒兄又恢复了往日的洒脱与淡定。

柳萌也有"愧对"朋友的时候。

2012 年夏日的一天，突然接到柳萌电话，说我们共同的一位朋友意外身故了。噩耗突至，我仿佛被猛击一棍，顿时失语。就在几天前，柳萌还做东，并叮嘱我提前一小时到他家，说这位朋友近来失眠，情绪不好，让我先去开导开导他。②我自然遵命而行，劝他凡事想开，如雨果所说，即便命运给你的是一颗酸柠檬，也要把它制成一杯甜果汁。随后的聚餐中，这位朋友逐一向在座的来客敬酒，感谢大家一向对他的关照，还悄悄去结了餐费。我不知道那时他已经患了严重的抑郁症，隔靴搔痒的几句劝慰根本无法解开他的心结。柳萌因此很是自责，几次忧伤地对我说，意外发生的前两天，这位朋友还打电话给自己，说要登门看望。柳萌怕影响他的工作，又担心他过于劳累，就婉拒了。

③应该让他来，他肯定不单是为了看我，他是有话想和我说。如果说了，我宽慰宽慰他，也许就不会

❶ 作者在这里列举了柳萌对硕儒的关心，这些细节都可以看出柳萌对朋友情谊的珍惜。

❷ 命运给你的是一颗酸柠檬，也要把它制成甜果汁，这句话是告诉我们面对困难，要勇敢地把困难化解开来。

❸ 柳萌说的话中充满了自责，朋友的离世让他感到后悔至极。

有后面的事情发生了。我真后悔！——说这话的时候，柳萌的神色怆然，语调低沉。我感觉，这时他的内心该是一处荒废的厂房，空旷、冷落、自责与悔恨无处安放。我安慰柳萌，抑郁症号称精神癌症，现代医疗手段都难以驱散死神的阴影，几句规劝又怎么能够化解？

柳萌听了我的话未置可否，只是一声叹息，放空了眼神。

柳萌兄长，您对待朋友的真情，是高空璀璨的焰火，并没有随着您的离去而凋谢。它与秋风夏雨、星辰大海同在，不是吗？四年来，您走后的每个忌日，都有朋友自发聚在一起怀念您。去年，我约了徐刚、硕儒、喜儒、剑钧等几位朋友，甘肃的作家陈德宏先生闻讯也真诚赶来参加。诗人华静有心，特意带来了您的遗像和一捧鲜花。我们把遗像摆在主位的花丛中，并在遗像前放了一副碗筷。斟满酒，大家高举过头，然后躬身洒在地上，虔诚地把第一杯酒敬给了在天国的您。说起和您的交往，一把子年纪的几个大老爷们儿声音哽咽，禁不住泪流满面。^①陌上莺啼细草薰，鱼鳞风皱水成纹。江南红豆相思苦，岁岁花开一忆君。这是清初名士王士禛的一首悼亡诗，用来形容朋友们对柳萌的思念真是何其贴切！岁岁花开一忆君，诚如斯言。有的人活着，他已经死了；有的人死了，却还活着——只有在那种氛围中，我才真正理解了臧克家先生的这首诗。在您的心里，友谊是一盏穿云破雾的灯火，真正爱您的朋友，有谁会嗔怪您的偶一疏漏呢！

❶ 作者从莺啼鱼翔的美景想到已逝之人，每年见到花开美景就想到曾经的人。美景哀情相衬，愈见相思之苦。

如今，您与早一步升入天国的朋友相聚，昨日有春雷滚过，想必是你们把酒言欢的碰杯声吧？

三

❶ 这一段有概括说明的作用，作者在这里总结了柳萌的品质特点，有引起下文的作用。

①我眼中的柳萌，善良、真诚，看重朋友情谊，内心细腻而柔软。

原以为，以他这样的性格，对死亡或许比较纠结，比较敏感。是啊，一旦阴阳两界，俗世的一切痕迹都将不复存在；生命如一缕青烟会消逝得无影无踪，想一想确实落寞。把生死看成冰水转换，抬腿是走路，落脚也是走路；死，不过是脱离肉体的躯壳而回归永恒。这是智者的境界，非一般凡夫俗子可以企及。

❷ 过渡段，在文章中有承上启下的作用，使文章内容连接紧密。

②没想到，天性善良的柳萌就是这样一位智者。

他患癌症前，我们聊天，柳萌多次表达过对死的超然，似乎对死亡并无恐惧。我听了只是暗自一笑，觉得那不过是雾中看花的几句点评，不能细究。这样一个情感细腻、心地善良的人，一旦死之将至，还能如他所言，优雅得如同赴一次约会，坦然得就像逛一次长街吗？

我不知道。

❸ 作者巧妙地运用一个比喻句，把当时的心情比喻成注满水的棉花，进一步突出了作者沉重的心情。

③柳萌患癌的消息是他亲口告诉我的，我听了，心像注满了水的棉花，泪流不止。苍天不公！为什么要把这样的灾难降临到善良、正直的柳萌头上？他的前半生颠沛流离，历经坎坷，受尽了生活的磨难。伴随改革开放的春风，柳萌的冤案得以彻底平反，被安

排到交通部政策研究室，正值壮年，前途无量。可是，他放不下对文学的牵挂，执意回归文学。先是调到作家协会下属的一家杂志社任杂文组长，那时活跃的杂文名家几乎被他"一网打尽"，全成了他的朋友和作者；后来又协助从维熙先生全面主持作家出版社工作，继续新时期文学的破冰之旅；继而创办中外文化出版公司、主持《小说选刊》复刊。有两年，作家出版社租的办公场所离我家只一箭之遥，晨跑时，我经常可以看见上班路上的柳萌。"老柳，早啊！"我会冲他招招手；①柳萌则每每对我报之以微笑，脚下却依然大步流星，如同一只陀螺，总是停不下来。他是在和生命赛跑，要把荒废的时光追回来。

退休以后，柳萌才得以放缓人生的脚步，开始享受生活的赠予啊！

电话另一端的柳萌觉出了我的忧伤，心态反倒比我平和："卫东，我没事，这种癌发展得非常缓慢，不过是一种慢性病。再说，现在科技这么发达，说不定什么时候就有特效药了，你不用为我担心。"

②我明白，柳萌这是在安慰我。他或许不想和我说，他清楚我知道了肯定会伤心；可是，他又不能不和我说，因为我们是兄弟。

放下电话，我在网上搜寻这种癌的成因和防治，又向医生朋友咨询，知道致病原因一是高脂肪饮食，二是身体肥胖。这两条和半生颠沛流离的柳萌沾不上边。他在内蒙古劳改时，常常饥肠辘辘，饿得眼睛都冒绿光。③有一次奉命为劳改队采买副食品，归途中

❶ 作者巧妙地运用比喻修辞，把柳萌忙碌的样子比作一个陀螺，进一步突出他珍惜时间，热爱生命。

❷ 从这里可以看出柳萌对作者就像亲人一样，坦诚相待，一切都为作者着想。

❸ 作者在这里列举了柳萌在劳改队生活十分困苦。

不小心把一瓶蜂蜜打碎。柳萌知道闯了祸，恐惧之余，也没忘了把残存的蜂蜜都吃进肚里。他太饿了，饥饿像一只凶猛的怪兽，让人的抵抗力不从心。那么，无疑是另一条致病原因让柳萌中枪：长期夫妻分离。明了了这一点，悲痛再一次如洪水泛滥，将我淹没。柳萌对妻子的忠贞，像高山上一尘不染的雪莲花，纯洁无瑕。

①柳萌真的不合时宜。在纸醉金迷、灯红酒绿的滚滚红尘中，他是一位身披传统美德大氅的圣人。也许有人会笑话他迂腐、古板，但这都影响不了他对那一份患难真情的守护。即便因此背负着沉重的枷锁，也甘之如饴、无怨无悔。

再见柳萌，他一切如常，依然旷达、平和，依然温暖如春、真情似火。

是他不痛苦吗？不是。他不能长坐，为作家剑钧写的序言就几乎是站着完成的，因为坐久了会有鲜血流出，苦不堪言。这期间，柳萌还经历了一次意外的"情感伤害"，痛感友谊就像冰挂，平时看上去晶莹剔透，美得像白莲、百合、玉兰，可是只要轻轻一碰，就会碎裂一地。

我发微信给他：冰挂本来就不是真的花。幻觉破灭，返璞归真，未尝不是一件好事。但我还是不放心，因为嘴上说不在乎的柳萌，内心其实很痛苦，和我通电话说起此事，一度声音哽咽。②是啊，柳萌的生命是一条河，友谊就是河上的帆，相依相偎、相得益彰；帆一旦猝然而降，他心中的失落可想而知。我打电话

① 柳萌在灯红酒绿的滚滚红尘中，不近女色，内心保存着对妻子忠贞不渝的爱，是多么的令人敬仰啊。

② 这里是说柳萌和作者之间的友谊十分珍贵，作者面对重病的柳萌心如刀绞。

叮嘱刘杉，让他关注父亲的情绪变化，问他父亲深夜是否安睡？刘杉告诉我，昨天半夜走进父亲卧室，老人鼾声如常。闻之，我心始安，看来他已释然。

柳萌与癌症顽强抗争了五年，进入 2017 年以后病情迅速恶化。

他以前也住过院，但时间都不久。这回柳萌刚出院又重新入院，我觉出事情不妙。春节前我在三亚小住，曾打电话动员柳萌到三亚过冬。那时他状态尚可，听我介绍了三亚种种好处后，心动了。我已在小区帮他预订了房子，计划就在当年 10 月成行，我多么希望和柳萌一起，在和煦的海风中漫步在三亚的沙滩上。

①天不佑人！我的这个愿望落空了。

5 月一次朋友小聚后，我们相约去医院看望柳萌。一进病房，我的眼眶一热。我情不自禁问守候在一旁的诗人青禾："怎么回事？怎么变成了这个样子！"柳萌蜷缩在病床上，上身赤裸、插着管子，背向上拱起，像一座小山；他头发蓬乱、面容憔悴，已经脱形。白框眼镜丢在床头柜上，看我们的眼神迷离、疲惫、散淡而又凄楚。②柳萌是一个精致的人。印象中，他的头发永远梳得一丝不苟，衣着也永远干净、合体。可恶的病魔，你何以嚣张至此？

柳萌抬起头，费力叫出我们的名字，声音微弱，拖着尾音，像是寒夜中渐行渐远的洞箫。前几天我从三亚回来，立马和甘铁生兄一起到医院看望过他。去之前，我打电话问柳萌想吃些什么，他让我买点儿杧果和草莓，怕我多花钱，特别嘱咐买小的。我买了最

❶ 这是一个过渡段，短短的一句话具有概括上文，引起下文的作用。

❷ 病魔把柳萌折磨得脱了相，进一步说明了柳萌的病十分严重。

好的杜果和草莓赶到医院，铁生兄已经带了鲜榨的果蔬汁在病房等候。三〇六医院离铁生家不远，铁生和妻子马玲经常会送去鲜榨的果蔬汁。那天柳萌的精神不错，说起计划中的三亚之行还充满期待。我说下次来请他吃饭。他没有推辞，还说楼下有个烤鸭店，味道好，环境也不错。

① 几天不见，柳萌的状态让我痛彻心扉。生命如此脆弱，我内心一片迷茫。

临别时，我握住他的手。那双手青筋裸露，手指弯曲，握得让人心碎。我强忍住就要夺眶而出的泪水，说："老柳，你好好休养，过两天我再来看你。我们可是说好了，今年还要一起去三亚呢，房子我都订好了！"

柳萌点点头，无力地挥挥手，让我们离开。每次探视，他都会催我们走，他是怕耽误大家的时间。他就是这样一个人，关心着身边的每一个朋友，却从不愿给朋友增添半点麻烦。就在我转身的一瞬间，我看见柳萌已然黯淡的双眸中，有两点泪光在闪，稍纵即逝，像夜空陨落的星。

三天后，柳萌先生辞世。

② 第一时间获知消息，我心一颤，如同被风雪覆盖的旷野，寒冷而凄凉。昨夜梦中，有一只青鸟从窗前掠过，扶摇直上，西飞而去。想来，是柳萌先生告诉我他已魂归仙山了吧？从此，再不会隔些日子就有人打来电话，挑着高音儿说："卫东，明天晚上来我这儿吃饭啊！"或者没有什么事，只是随便闲扯两句，叮嘱我不要过于劳累，注意身体而已。在乎一个人，

（旁注）

❶ 面对重病中的柳萌，作者感慨万分，这也反映了生命的脆弱。

❷ 作者把听到柳萌辞世消息时的感受，形容成被风雪覆盖的旷野，进一步突出作者内心的寒冷与凄凉。

其实就是隔一段时间听一听那熟悉的声音。拨通的哪里是电话，分明是心中那根思念的弦。

如今，那根弦永远不会拨响了，尽管我一直保留着那个熟悉的号码。

柳萌兄长，相交 40 年，您从未食过言；这次，是您没有信守承诺。

①——可是唯独这一次，您听好了：我不原谅。对，不、原、谅！

❶ 从这里可以看出作者对柳萌先生的离开充满了悲痛之情。

延伸思考

1. 简单说一说柳萌先生前半生的工作经历。

_____

_____

2. 联系全文，谈一谈柳萌先生是一个怎样的人。

_____

_____

我的第 N 任顶头上司

名师导读 ▶

　　《我的第 N 任顶头上司》是作者讲述了自己在杂志社时的上司张胜友，着重讲述了张胜友先生的为人处世，以及干净利索的处事风范，读后也会为作者有这样的上司感到欣慰。

❶ 开门见山，直接介绍了"我"在杂志社时的顶头上司，让读者有一个初步的了解，也有引起下文的作用。

　　①2005 年 9 月，我由《人民文学》杂志社调任《小说选刊》主编。中国作家出版集团的管委会主任张胜友，成了我的顶头上司。

　　这之前，我换过几家刊社，掰着指头数，胜友先生应该是我的第 N 任顶头上司了。只是，我和以往的顶头上司相处均平安无事，即便有些不快，也闷在心里，嘴上不说；唯独和胜友先生摔过电话。②那是 2005 年 10 月底的一天，作家协会组织各单位负责人到国门宾馆学习，我因为筹备《小说选刊》改版，没去。晚上副主编冯敏从餐厅打来电话，说该到的人都齐了，只缺我一个，胜友很生气。随后，胜友先生估计是夺过

❷ 介绍了"我"没有去的原因，这也为自己摔电话埋下伏笔。

了电话，用他那"福普"——福建普通话，劈头盖脸
就是一顿训。大意是，这么重要的会议你不参加，胆
也忒肥了；当上主编这才几天呀，你还想不想干！
①我开始还向他解释，可是他不听。他嘚嘚嘚说个不停，
像一支全自动冲锋枪，没有点射，全是连发。忍着忍
着，我终于忍不住了，也大叫一声："我这主编干不干，
你说了不算！"言罢，我啪一下挂断电话。

　　我能想象胜友先生当时的样子，估计会有点儿小
狰狞。

　　②胜友先生颧骨比较高，门牙有点龅，加上皮肤
黑，绝对不属于型男。可是他自己不这么看。提及父
亲，他必用"风流倜傥"形容之，暗含着老子潇洒俊逸，
儿子又能差到哪儿的潜台词。私下闲聊，他还称在街
市上曾被人拦截，说他颜值不俗，有奇人之相；他虽
不屑，眉宇间却多少有点自得之色。窃以为，胜友先
生对颜值潜在的自我认同，比较缺乏自知之明。

　　③不过，胜友先生的才华我则由衷钦佩。我们相
识时，他已经以报告文学《世界大串联》在文坛一炮
走红。作为文人，他的文字几乎无可挑剔，逸兴遄
飞、激情雄辩，一如江河奔腾、一泻千里，这从他前
期的报告文学和后来的电视政论片中便可见端倪。作
为领导，胜友先生的能力也毋庸置疑，这在他的从政
经历中也有脉络可循。无论私下还是公众场合，我都
愿意听胜友先生讲话。他的普通话虽然很蹩脚，但因
为旁征博引、逻辑严密、语言生动、铿锵有力，再辅
之以丰富的肢体语言和表情变化，极有感染力和理论

❶ 比喻句，作者
把胜友对自己发火
比作一支全自动冲
锋枪，形象生动地
写出了他当时说话
快的样子。

❷ 作者在这里简
单介绍了胜友先
生的外貌特点，使
读者对胜友有了进
一步的了解，加深
印象。

❸ 这里详细地介
绍了胜友先生的
本领很大，不管是
写作水平，还是领
导才能都让人由衷
钦佩。

高度。

印象中的胜友先生总是目光平视、神情冷峻，严肃有余而活泼不足。^①不过，一旦他的严肃与活泼形成落差时，尤其有趣。某次会议间隙，胜友先生不知提及何事，无意中翘起兰花指，一着急，说话有点儿结巴。一位极富表演才能的同事学着他的样子和说话的腔调，面对众人说了一句俏皮话，模仿得惟妙惟肖，逗得众人哄堂大笑。胜友先生像没听见一样，不急不恼，依然按部就班发表完演说，然后坐下，嫣然一笑百媚生。他不在意自己的尊严是否被冒犯，格局很是不俗。确实，才华横溢的胜友先生自带一种气场，无论什么场合，每每都会成为人们环绕的中心。^②由学养熔铸的内在气质，像汩汩冒出的山泉，遮掩是遮掩不住的。大家私下议论起胜友先生，时而会插科打诨，但就我所经历的而言，我对胜友先生充满尊重与善意。因为常做严肃状的胜友先生，其实清澈得像一潭水。他从不讳言自己曾是一名走街串巷的小裁缝；作为恢复高考后的首届复旦大学中文系高才生，每每提及也顾盼自雄。确实，他有资格。当年填报志愿，胜友先生只填了北大、复旦和厦门大学中文系。周围人很是惊悚，人生关键时刻，怎么也得填一所二流大学做备胎呀。胜友先生却风轻云淡地一笑："要念，就念名校！"后来听人说北京气候寒冷、干燥，主食少不了窝头，他怕生活不习惯而影响学业，大笔一挥，勾掉了北大。"当年，复旦大学中文系在福建只录取两个名额！"日后在强调"两个"时，胜友先生往往会把右手的食指和中指

❶ 举例说明胜友先生的可爱之处，加深读者对胜友的了解。

❷ 作者运用比喻的修辞，将胜友先生的气质比作汩汩冒出的山泉，生动形象地表现了胜友先生的气质遮掩不住。

伸出，在你眼前一晃。①他的侠义、他的才华、他的抱负，以至他的自负和小算盘，像是游走在天空的云，令人一目了然。

回到开头，我为什么敢摔胜友的电话？他不记仇。

江湖有传言，胜友先生于1995年就任作家出版社总编辑，甫一公布"施政纲领"，就被一个叫杨奎的年轻编辑一顿猛怼，认为他改革的力度还不够大。②胜友先生正踌躇满志，哪想到锣鼓点刚敲响，自己还没走出边幕呢，就被台下的愣头青叫了一声倒好，如何忍得？于是两人刀来剑往，在全社大会上吵成了一锅粥。按一般推理，杨奎往后的日子估计不会好过了。没想到年底总结大会，胜友先生却把这个当面和自己叫板的小编辑结结实实夸了一顿，并一步步把他提拔为社长助理。原来通过一段时间的暗中观察，胜友先生发现这个桀骜不驯的刺儿头是个有想法能干事的家伙。这个传闻我信。早些年，我在一家杂志主政时，胜友先生曾打电话给我，说他写了一篇记述"沙漠风暴"的报告文学，希望我能发表。因为杂志刊发有一个周期，我觉得这类文字有时效性，几个月后发出来已成明日黄花，于是直言以拒。③胜友先生不急不恼，嗯了一声挂断电话。我本以为他会不爽，可是其后一次相遇，已就任作家出版社社长的胜友先生，特意把我叫到一边，用他那一口很有特色的"福普"问我："你愿意不愿意去主编《作家文摘报》？"我说："可以考虑，不过我要带几个人。"那时，我主持的杂志正处在困境当中，我不忍心丢下一同创业的同事另谋高就。胜友

❶ 这里总结了胜友先生的特点，从中可以看出作者对这个上司充满了佩服之情。

❷ 作者通过列举事例形象生动地说明了胜友先生不记仇的特点。

❸ 胜友先生并没有因为"我"没有给他发表文章而记恨"我"，突出了他的大度。

先生闻言，一脸郑重地问："你要带几个人？""七八个吧。"他一愣，随即用眼白瞥了我一眼，那意思是，你真敢开口。因为这一瞥，胜友先生满脸的庄重被"解构"了，竟露出一缕令人忍俊不禁的戏谑。

① 他的真诚和大度，我还可以举出很多例子。

比如，1997年我调入中国作家协会，被破格提拔，胜友先生就是积极的推动者；《小说选刊》2006年推出改版第一期，封面采用了一幅青年民工吃馒头的照片，文学界一片哗然。正当我六神无主的时候，是胜友先生打来了那个令我一生难忘的电话。他说："我非常赞同你在答记者问当中提出的办刊宗旨和文学主张，我甚至认为，你们可以把'贴着地面行走，与时下生活同步'的编辑理念印在封面上。"**②** 这个电话为正在冷风中簌簌发抖的我，送来了一件御寒的衣衫，让我立马有了精气神。年底，胜友先生陪炳华书记到中国作协直属的报刊社调研，我说《小说选刊》准备实行零风险订阅——即读者如对刊物不满意，可凭订阅单据和刊物全额退款。炳华书记有些担心，微微蹙起眉头问，如果有大量读者要求退款，怎么办？还未等我答话，胜友先生在一旁解释，说这是置之死地而后生的一种营销策略，只要刊物办得好，应该不会出现。那次，胜友先生对我们提出的改革措施和工作思路，几乎给予了无条件支持。

③ 胜友先生看上去极其强势，说话干巴利落脆，很有点儿一言九鼎的架势，容易被人误读成刚愎自用。我开始也有这种错觉，一接触并非如此。刚任主编时，

① 过渡段，在文章中有着承上启下的作用，为下文埋下伏笔。

② 作者巧妙地运用比喻的修辞，形象生动地把胜友先生的话比作一件御寒衫，让"我"内心有了底气。

③ 总起句，具有概括说明的作用。

胜友先生曾很郑重其事地问我："如果不介入版面，你能不能把《小说选刊》发到十万册以上？"我听了哑然失笑，断然答曰："绝无可能。我主持任何刊物，都必须深度介入版面。"① 我以为胜友先生会设法说服我，因为这之前已经听说，我出任《小说选刊》主编遇到了阻力。没想到，胜友先生见我态度决绝，竟露出半是无奈半是赞同的笑容，多余的话一句没说，一转身走了，如清风吹过。这之前，还有一件事让我印象深刻：胜友先生曾领导创办过一本刊物，发行借助社会力量。有一天，他兴致勃勃地给我打电话，说："杜卫东，你在体制内运作可以，在体制外就不行了。我告诉你，这本刊物现在以每天两万册的速度增长，创刊号估计要突破 20 万。"② 我询问了一下运作方式，心里有数了，又不好给兴头上的他泼冷水，便婉转地说："成绩骄人，值得祝贺。"不过，我有意停顿了一下，加重语气说，"重要的不是发出多少刊物，而是收回多少刊款。以我对刊物定位和期刊市场的了解，这本刊物能有——"我本来想说十分之一，考虑到胜友先生的情绪，临出口变成了三分之一，"能有三分之一回款就不错了。"胜友先生可能有点不以为然，因为他没有接我话茬儿，推说还有一个会，就匆匆挂断了电话。后来，我的话不幸言中，他在一次会议上见到我，过来拍了一下我的肩膀，说："杜卫东，看来你是对的。"说这话的胜友先生目光真诚，像一潭水，沉静、清澈，没有一丝杂质。目为心之窗。透过他的眼睛，你可以看见他的内心，那是雪后的旷野，纯净、广袤，雪落无痕。

❶ 半是无奈半是赞同的笑容，进一步突出胜友先生有点强势，不怎么容易接受别人的劝告。

❷ 这里是作者的工作经验之谈，作者用善意且委婉的说法告诫胜友先生，像他那样追求数量是不行的。

❶ 作者对胜友先生的为人进行了概括性的说明，这一句在这一段中有着概括总结的作用。

❷ 作者运用比喻的修辞方法，把自己和胜友先生的友情形象生动地描写了出来。

❸ 从这里可以看出胜友先生的记性以及身体都大不如前了。

① 胜友先生就是这样一个人，真诚、大度、坦荡，行事出于公心。他有失误，有毛病，但是飞得再低，也是蓝天上一只翱翔的鹰。在他手下工作，你不用担心被穿小鞋。我摔断他电话的第二天赶到国门宾馆，胜友先生看到我，老远就打招呼："杜卫东——"杜字他每每读成一声，而东字则发声短暂而尾音上翘，听起来别有韵味。"你的手机换了吗，我怎么打不通？""我没换电话。"我知道他这是向我示好。其实，没有按时到会完全是我的错，他的批评虽然严厉了些，却是出于公心，恪尽职守。遇到这样的顶头上司，何其幸也。

② 我和胜友先生的关系像是路边的银杏树，没有茂密如林，隔不太远也有一棵，一直延续到他生命的尽头。记得有一次，我在他办公室见到几管染发膏，听他说每个月至少要染一次头发时，便劝他少染，并说自己半年才染一次。半年？胜友先生有些惊诧，嘴角像被弹簧牵动，露出一个木讷的笑，转瞬即逝。得知他罹患血癌，那个短暂的笑容立马在我的脑海中重现，像一道惊悚的闪电，令人心悸。我和胜友先生是上下级关系，算不上挚友，所以只是在朋友圈为他点赞，默默为他祈福。一次聚会，有建功、洪波、巨才、梁衡等大咖参加，我想到这几位都是胜友先生的老友，便电话相邀。③ 他很高兴，只是说身体虚弱，有些力不从心，问我能不能安排一辆车接送？他或许忘了鄙人早已退休，成了挤车一族。我略一犹豫，折中道，那这样吧，等哪天我专门去看你，在你家楼下找个饭店，咱们约几个朋友聚聚。胜友先生并无不快，欣然允诺。

这之后，听到的都是他病情好转的消息，我也就少了兑现诺言的紧迫感。可恨天妒英才，死神突然展开双翼，遮蔽了他生命的天空，留给我无法弥补的遗憾。

胜友先生驾鹤西行，他的微信依然在朋友圈里活跃，头像依然是胜友先生面带微笑的半身照片。只不过，内容变成了他幼女的生活剪影。这个叫棋棋的小姑娘，继承了胜友先生的天赋，天资聪慧、活泼可爱，琴棋书画，样样出色。

① 胜友先生在天有灵，一定会为他生命的精彩延续而欣慰吧？

❶ 作者以疑问句的方式结束文章，有利于自己感情的抒发，也能引起读者的思考。

延伸思考

1. 张胜友先生为什么会向作者大发脾气？

_____

_____

2. 作者为什么喜欢听胜友先生讲话？

_____

_____

安娜小姐

名师导读 ▶

　　俗话说，读万卷书不如行万里路。我们大家都喜欢旅游，可以开拓视野，见识世面。在旅游中我们会见识各种各样的人，如旅店老板、驾驶员、导游小姐、小偷等。今天就和大家一起来认识一个意大利的导游小姐，这位小姐还是一位"中国通"，非常漂亮、能干。请大家开始阅读吧。

　　起程赴欧洲之前，旅行社的孙小姐就告诉我，接待我们的全陪导游安娜小姐是意大利东斯特拉旅行社的"中国通"。她年轻、漂亮，善解人意并极能干。① 对于我这个"半调子"英语的《人民文学》作家考察团的领队来说，自然喜不自胜，因为这意味着我将省却许多麻烦，有更多的时间去饱餐异国秀色。

　　不想，刚在罗马下了飞机，就叫我憋了一口闷气。在行李传送带前，我们伫立良久，直到一件行李也没有了，仍未见到我们托运的行李。我们找到海关官

❶ 此处心理描写从侧面反衬出安娜的能干。

员，他听我们连说带比画了半天，只是双手一摊，表示爱莫能助。没办法，我只好跑出海关去找安娜，因为按约定，我们一在罗马下了飞机，就由她全权负责了。好在意大利的警官并不特别"刻板"听任我在海关自由出入，直到与拿了一块接机牌的安娜小姐接上头。不过，年轻并且漂亮的安娜却没有表现出"善解人意"和"极为能干"。她随我来到海关门口，竟如钉子一般站定了，说这是海关，不可以随便进的。无论我怎样动员，她只是望着那几位高大健壮的同胞，轻轻地摆着手，那双如海水一样湛蓝的双眸中，充溢着敬畏、渴求和几分无奈与焦灼。其实，人家警官很"通情达理"。我只是用手势比画了一下我们遇到的困难，他便很潇洒地一摆头，说了一句带颤音的中文单词："请——进！"

这个安娜小姐，真是太刻板了。

过了不久，我又一次领教了她的刻板。那天，我们乘车从所住的宾馆赴古罗马斗兽场参观。①途中，见一满头飘雪的长者正悠闲地喂食鸽子，他身旁的地下放着一个提包。

蓝天，绿草，白鸽，那情景真的很美也很祥和。可是，另一个像是散步的戴鸭舌帽的老头儿突然间拾起地上的提包就要跑，两个老头拉扯起来。不过一两个回合后，年长者终于不敌，"鸭舌帽"得手后撒腿就跑，拐进一条街道后，把提包扔进路旁的草丛，正正帽子，便大摇大摆地走了。此时，路上空无一人，我于是示意安娜小姐停车，以便我们"见义勇为"，但是安娜把脸一

① 优美的景色和人与自然和谐相处的画面，渲染了浪漫的情调，也为故事情节发展埋下伏笔。

扭，似乎没看见一样。

这个安娜，不仅刻板，简直有些不近人情了。

或许安娜也感觉到了我的情绪，除必讲不可的话外，对我总是"敬而远之"。我也是一副公事公办的神态，对她的工作时有指摘。如果不是发生了另外一件事，我也许会带着这种印象结束欧洲之行。

事情是这样的：那天，我们路过一个很大的皮革市场，大家提出要购买一些意大利的皮革制品。因为意大利的皮子在世界上享盛誉。于是，约定一个小时后在市场门口集合。我在一个摊位前看上了一只女式皮包，准备买回去送给妻子，正讨价还价间，安娜不知什么时候出现在了我的身后，对一个留着连鬓胡子的中年汉子说了些什么。① 她说的是意大利语，我听不懂，但是从她的神态中我感觉到了她的激动、严厉和愤怒。果然，那意大利中年汉子将一个钱夹放到她的手上，然后扬起右手，用拇指和食指很脆地打了一个"榧子"，冲我做了一个怪样，走了。

哦！我的钱包。原来，这家伙是趁我不备时伸出了第三只手，早就听说意大利窃贼猖獗，果然言之不谬。② 我接过钱包，连忙向安娜道谢。安娜那两道弯弯的柳叶眉轻轻向上一挑，嘴角便荡出了一丝笑意。她摆摆手，很中国地说了一句："不客气。"

原来，安娜从这里过时，见那连鬓胡子一劲儿在我身后挤，凭经验断定他不是"良民"。于是她悄悄盯着他，在他刚一得手时"挺身而出"。

我问："你都跟他说了些什么？"

❶ 神态描写，作者用寥寥数语，将安娜当时的状态描绘得生动传神。

❷ 神态、语言、动作描写，将安娜勇敢、正直、霸气的性格特点刻画得淋漓尽致。

安娜说:"我说,你把钱包还给他,否则我就要报警了!我还说,他是一个中国作家,作为一个意大利人,你难道要让他带着这样一种遗憾离开意大利吗?

我问:"你不怕吗?"

① 安娜瞪着一双湛蓝湛蓝的双眸反问我:"为什么要怕呢?他干得多见不得人,而我做得光明正大,他应该怕我才对啊!"

我有些糊涂了。以此观之,安娜本有正义感,可为什么会发生路上的一幕呢?听我说出疑问,安娜很认真地自问自答:"为什么不停车?因为那是警察的工作,而我的工作是当好你们的陪同。而且我们的日程表是以分为单位安排的,上面并没有抓小偷的内容!"见我疑惑,② 她又说,"他干了坏事,上帝会惩罚他的。至于今天的就不同了,你是我的客人啊!"她咧咧嘴,想笑一笑。不过,那笑容肯定有点……因为我们还没有弄明白应该怎样理解安娜的做法,到底是忠于职守还是刻板冷漠?

凭心而说,安娜对工作是很尽责的。比如,参观考察时,她总是甩开那两条长腿跑前跑后,当我们饥肠辘辘地坐在餐桌旁时,常会发现少了安娜。因为30多人的考察团,以年龄大者居多,总有人或因贪恋异国风光,或因体弱跟不上队伍而落在后边。安娜要把掉队的人一个一个找齐才会坐在餐桌旁,而这时又差不多到了出发的时间,加之她对中餐不很习惯,常常是还没吃几口饭又举起考察团特制的小旗子,走在队伍前头了。

① 语言描写,生动地展现了安娜正义凛然的人物特点。

② 作者用最朴实、最真诚的话语,刻画了一个忠于职守又和客人保持距离的意大利女导游形象,推动了故事情节的进一步发展。

❶ 安娜虽然有点刻板、冷漠，但是对于客户的尽职尽责是值得提倡和尊敬的。

❷ 作者运用动作描写将安娜收到花时开心、激动的心情表达得生动形象。

❸ 作者采用欲扬先抑的写作手法，通过对安娜冷漠、刻板却又热心助人的矛盾行为进行刻画，最后进行解释，令人豁然开朗。

① 在巴黎时，我感到安娜有点儿郁郁寡欢。团里的诗人小文提议，安娜或许太累了，我们买一束花送给她吧。我想，也是。就在昨天，团里的一位老先生因为走路不小心摔了一跤，本不是什么大不了的事，可是晚上回到宾馆后，安娜却坚持带他到医院去做了检查和治疗，然后又联系保险公司赔付，折腾了大半宿；刚才还趁午餐时跑了好几条街道，为四川的一位诗人去买一种电源插座，以便他每天晚上及时为自带的录像机充电。鲜花很快买来了，是一束鲜艳的红玫瑰，安娜小姐接受它时特别高兴。② 她把鲜花放在唇上，不停地抽动着，仿佛是在吸吮着什么琼浆玉液，双眸也变得明亮起来，如同燃着了两颗火星。"谢谢你们，它会让人度过非常愉快的一天。"果然，这一天中，安娜始终小心翼翼地捧着这束花，吃晚餐时还特意把它插在了餐桌中间的花瓶里，对着它端详了好一会儿。我当时还以为，这束花仅仅驱走了安娜的劳累，实在不曾想到，如果没有这一份浪漫，安娜也许会中途弃我们而去。

那是回到北京后，为我们安排这次考察活动的孙小姐告诉我们：③ 当安娜得知她将成为一个中国作家考察团的陪同时非常激动，因为她对中国文化非常感兴趣，曾在北京和西安就读汉语专业，业余时间喜欢读诗和小说，可是在巴黎圣母院、卢浮宫、巴尔扎克和雨果的故居，面对着中国作家提出的一个个深层次的问题，令旅游学院毕业的安娜常常感到力有不逮。望着作家们时而流露出来的失望神色，她很自责也很痛苦，曾打电话给总部，希望换一个比她更精通欧洲文学的陪同来。我知道，意大利的经济不景气，找一份工作很难，尤其像这种收入不菲的职业，所以她很珍惜。而中途一旦被换回，安娜应该知道这意味着什么。但是，①她宁肯冒着失去这份工作的危险也不愿意让中国客人失望，这使我很感动，如果当时我明白真相，一定会向她献上一份更厚重的敬意。聊以自慰的是，不经意间送上的那一束鲜花换回了安娜小姐的自信，也让她感受到了中国作家的真挚与友善。

可是，安娜兴奋的情绪还没能持续一天，就又一次险些跌入冰谷。

第二天中午，参观完凡尔赛宫，安娜领着我们穿越了好几条街道来到一家中餐馆就餐，不想入座不久，竟被饭店的领班告知要在门外再等上一个小时。理由是，他们没有接到东斯特拉旅行社的传真，所以不能先接待我们。一些已疲惫不堪的团员愤怒了，吵吵着这是旅行社和他们之间的事，与我们无关。我见挤满饭厅的一个台湾旅行团，不愿在异国他乡上演一场中国人的"内讧"，便动员大家离开了餐馆。安娜小姐确实能干，不到半小时就让我们在另一家中餐馆落座了。其实，在哪家餐馆就餐，东斯特拉旅行社总部早就事先安排了，安娜的责任就是领着我们到时去。②这个差错，或者在总部，或者在餐馆，本与她无关，可是安娜却红着脸，目光中充满了歉疚与不安。吃饭时，每张桌子上了好几瓶啤酒。我找到餐馆领班询问缘由，原来是安娜自己掏钱请客，以此对这次失误表示歉意。我认为不妥，提出啤酒费用自理，领班上身

❶ 毫无疑问，安娜是一个虚心学习、热爱工作、关心别人的好女孩。作者通过心理描写，表达了对安娜的理解和敬意。

❷ 作者通过对安娜的神态描写，刻画了一个恪尽职守的女职员形象。

107

前倾，笑容可掬地摇摇头："不可以的，陪同小姐已经把钱付过了！"

渐渐地，我对安娜的善解人意和能干有了更深的感受。

① 考察团到瑞士后，我们下榻的是一座很豪华的四星级宾馆。入住时，服务员不允许我们单独将行李提进房间，而是由他们用行李车搬运，而后每件行李要收取五美金小费。我找到安娜，说这种做法恐怕不妥。第一，我们没有要求他们提供这种服务；第二，即便这是他们酒店的规矩，所需费用也应该由旅行社支付，因为这是事先有约定的。安娜掏出手绢轻轻地擦去额头的汗水，眨了眨有着一双长睫毛的眼睛，语气很坚定地说："对，不应该付的，我去找他们的总经理交涉。"过了一会儿，她敲开我的房间，说："总经理已经下班了，不过明天上班后我会去找他说清楚的。"第二天早晨，我跑完步从外边回到宾馆，见安娜正跟一位西装革履的绅士交谈，见我进来了，**②** 安娜迎上来笑着说："这中间有点误会，现在搞清楚了，小费我们的旅行社已经事先付过了。"我说："麻烦你了。"安娜摆摆手，很中国地回答说："不用客气，这是我应该做的！"那语调中有几分调皮，还有几分幽默。

有些腼腆的安娜确有很幽默的一面。

考察接近尾声时，大家已经同安娜建立了深厚的友谊。每到一个景点，都会逐一请安娜合影留念，我于是和她打趣，安娜你都快成道具了。安娜耸耸肩，反问我："那么，我是不是应该收费？"言毕，她又很

❶ 作为一个作家，代表国家出国访问，应当要有一份与大国地位相当的胸襟与情怀。作者用平实的语言叙述了瑞士的风土人情。

❷ 朴实的话语、调皮的语调、不经意地摆手，将一个尽心尽责为客户着想的女导游形象淋漓尽致地刻画了出来。

腼腆地笑着说："噢，开个玩笑。"

①我不善于记外国人名，安娜的全称是安娜·丽莎，有时我会不经意地叫她蒙娜·丽莎，这时，很开心的安娜就会双肩一耸，两手一摊，很夸张地倒抽一口气说："噢，不敢当！"

就要分手了。15天的行程弹指之间。我们从罗马起始，经佛罗伦萨、威尼斯、因斯布鲁克、慕尼黑、卢森堡、阿姆斯特丹、巴黎、日内瓦至苏黎世，将从这里乘飞机返回北京。②在开往苏黎世国际机场的大客车上，想到就要和15天来一直与我们朝夕相处的安娜分手，大家都有些依依惜别。诗人小文更是情绪激动，朗诵了两句即兴创作的诗："为什么我的心里装满了忧愁？因为我无法把你带走。"

我对安娜的印象也有了很大的改观。她的善良、敬业和能干是不容置疑的，偶尔表现出的一丝"冷漠"，或许也是源于东西方两种不同的价值观吧。于是和安娜打趣："假如你没有结婚，我们愿意你成为我们中国的儿媳妇；可惜，你已经结婚了，那么，你就做我们嫁出去的姑娘吧！"

安娜望着我，目光中流露出一缕疑惑。

来自遵义的作家赵剑平在一旁插话："大家的意思是，我们都很欣赏你，我们愿意把你当成我们中国的姑娘。"

③安娜一听，笑了。那笑容很灿烂，很动人，像车窗外的蓝天一般明澈，像蓝天下的白云一样纯洁……

❶《蒙娜丽莎的微笑》是著名画家达·芬奇的优秀作品。作者通过神态描写、语言描写、动作描写刻画了一个可爱、开心的女导游形象。

❷作者通过心理描写和对诗人小文即兴朗诵的刻画，渲染出一个浓浓的依依惜别的氛围。

❸此时此刻受到众人肯定的安娜，在作者比喻手法的抒情下显得明媚、动人，令人久久难忘。

延伸思考

1. 安娜小姐是一个怎样的人？

_____

_____

2. 文章采用了何种写作方法，有何作用？

_____

_____

3. 你是如何理解女导游工作刻板的？

_____

_____

卖玫瑰的女孩儿

名师导读▶

玫瑰，在西方世界是保守秘密不能外泄的象征，因此西方很多家庭桌子上都摆着一束玫瑰花；而在充满诗情画意的东方，红玫瑰代表着真挚的爱情，紫玫瑰代表着浪漫，白玫瑰代表着天真纯朴。那么卖玫瑰的女孩儿会被真挚、浪漫、友好地对待吗？她会遇到什么事情呢？

① 时值初春，正是暮霭四合的时分，天边仿佛倒了墨水瓶，正渐渐弥漫开一片幽幽的夜色。以它做背景，被灯火点缀的燕莎商城更显得光彩照人。

"卖花，卖花喽——"

一个女孩儿站在商城入口处，正在向走过她面前的一对对靓女帅男推销手中的鲜花。

② 在喧嚣的都市噪声中，这叫卖声显得很是苍白无力，像坠入水中的一块石子，还没来得及激出涟漪，

① 作者运用比喻的修辞手法，描写了一个夜幕笼罩下的燕莎商城环境，为人物的出场、故事情节的发展做铺垫。

② 喧嚣的环境、微弱的叫卖声，作者运用了比喻和对比的修辞手法，突出了卖花女孩儿生存的不易。

便被湍急的漩涡吞噬得不留一丝痕迹了。

没有人在她的面前停下脚步，甚至没有人注意到她的存在。

是的，在雍容与华贵面前，这女孩儿太不起眼了，岂止是不起眼，简直有些寒酸。她似乎也不自信，①不然，为什么只穿了单球鞋的双脚在地上来回倒动，旧短大衣的领子也被竖了起来，仅仅是为了驱赶初春的寒意，还是为了掩饰内心的焦虑与窘迫？

终于，一对青年男女在她面前停了下来。

不知为什么，站在不远处等人的我心头竟为之一动。尽管我知道，无论她是勤工俭学的大学生，还是外地进京的打工妹，这笔交易都无助于改变她的生活境地，但我却希望她由此能得到一个好心情。

②"你这花怎么卖？"男青年大大咧咧地从少女手中抽出一枝红玫瑰，随手拨弄着花瓣。"这是红玫瑰，代表着友谊和爱情，买一枝吧，送给你的女朋友。"

"话稠了是不是？不怕闪了舌头！嘁！"男青年见女孩一下语塞，很是得意，脸上的"青春痘"在灯光的映照下也亮了许多。"我问你，多少钱一枝？"

"5块。"少女轻声回答。

"5块？"男青年很夸张地叫了一声，把花扔给少女，"你别把我吓着！"说着，他拉起女友边走边说："跟她穷逗闷子。要送我也得送你一束意大利进口的玫瑰！这破花哪配得上你呀！哈哈……"

几声浅薄的笑声，犹如生活键盘发出的几缕不协调音。

① 一句貌似关心女孩儿的疑问，实际上写出了女孩儿生存的艰难。

② 男孩的询问和卖花女孩儿笨拙的推销，共同构成了很不协调的音符。作者通过语言描写、动作描写将两者进行了对比。

①少女弯腰捡起玫瑰，心痛地轻轻吹去沾在上面的尘土，可是，两片花瓣就要脱落了，怎样精心去抚弄，也无法让它们恢复原状了。她无奈地把这枝玫瑰插进花束，眼波中流淌出一缕怨艾。

我没有想到，生活竟演绎出这样的结局。我真想走过去告诉那一对青年男女：野蛮并不等于潇洒，粗俗与风度无缘，不懂得尊重别人的人，又怎么会珍惜人生中的至真至爱之情？无论什么花儿，在那位男青年的手里，都会被亵渎啊！

又一对青年男女站在了卖花女孩面前，显然，他们也目睹了刚才发生的一幕。

"姑娘，请给我拿一枝红玫瑰。"

②少女挑了一枝丰腴而又饱满的递给男青年。

"不，我要那一枝。"女青年一指那枝花瓣已然破损的红玫瑰。

少女有些惊愕，又有些感激。她略一迟疑，抽出了那枝递给女青年。

男青年笑了，笑容如月亮一样明澈："它的花瓣快掉了，你喜欢？"

"喜欢。"女青年把红玫瑰举到鼻子下，快乐地嗅着，然后挽住男青年的胳膊，有些娇嗔地说："只要是你送的，我就喜欢！"

"这枝花只收两元钱吧！"女孩儿真诚地表示。

"不！"男青年坚持付足款，挽起女友走了，走之前，他留给了女孩儿一个灿烂的微笑和一句由衷的感激："谢谢你的红玫瑰！"

❶ 作者通过动作描写和神态描写，表达了对女孩儿深深的同情。

❷ 作者通过对玫瑰和卖花女孩儿面容细节的刻画，传递出一股爱的暖流，感动了自己，温馨了彼此。

❶ 故事虽短，意境绵长。作者运用了比喻的修辞手法，将感受到温暖的卖花女孩儿的神态刻画得淋漓尽致，令人动容。

① 我看见，卖花女孩儿的脸上绽开幸福的微笑，眼波中也流淌着青春的光彩。她挺直了腰，叫卖声仿佛也注入了生命的活力，犹如一支欢快的小夜曲，融入了虽有杂音，但仍动人的都市交响乐中——

"卖花，卖花喽！"

延伸思考

1. 故事前后分别出现了两对青年男女，这样安排有何意义？

_____

_____

2. 这个故事告诉我们什么道理？

_____

_____

老胡说他不姓胡

名师导读

　　这篇文章的题目非常奇怪，文章中还对老胡的外貌进行了描绘，是一个令人不喜欢的形象。此外，老胡和作者还为狗的事情吵了几次架。但是通过两次事件，两人化干戈为玉帛，一笑泯恩仇，结下了牢不可破的友谊。

　　老胡我不认识，老胡是我给他起的绰号，老胡不知道他有一个绰号叫老胡。

　　①老胡六十开外，肥头大耳、五短身材、皮肤黢黑、将军肚，远处一看，像半截没烧透的木炭。记不清从什么时候开始，老胡出现在街心公园我遛狗的必经之地。这是一个圆形花坛，直径十多米，红砖砌就，大理石镶面。花坛中心种着月季和紫薇；芍药、牡丹围成一圈儿；最外围是修剪齐整的绿色灌木。一年中，大多数光景姹紫嫣红、花开不败。即便是雪花纷飞的冬天，也有生命绽放的光华。

① 老胡是怎样的一个人呢？作者用最传神的明喻，将老胡的皮肤、体型、身材刻画得惟妙惟肖。

老胡选择这个花坛作为落脚处颇有讲究：花坛四周是一条碎石铺成的小路，走一圈大约200步，碎石对脚底有按摩作用，很适合体弱多病的老年人健身。花坛里种的花草都不高，站在花坛任何一处，沿碎石路散步的人皆可尽收眼底。再有，花坛位于街心花园顶头儿，不会有外卖小哥的摩托车突然蹿出，相对安全。①自老胡出现后，便常见一个老妇人拄着拐棍沿碎石路散步。即便酷热难耐的三伏，她也裹得严严实实，而且无冬历夏头上总会戴一顶米色男士礼帽。后来我知道，这个老妇人是老胡的老伴儿。那次，我和老胡化干戈为玉帛，八成也是她的缘故。

"肇事者"是我家小宝。小宝是我收养的一条流浪狗，或许是有过挨饿受冻的经历吧，十分乖巧可爱。比如，它从不在家便溺，即便家里一天没人，它憋得原地转圈；再比如，它从不乱叫，即便怀春时节也只是在白天激动地表达一下对异性的思念，到了晚上总是乖乖趴在我的床头一声不吭。②不过它有一个坏毛病，爱往发光的地方尿尿，以此宣示狗权。院里的街坊就因为它往汽车瓦圈上滋尿表达过严重的不满。那天我遛狗经过花坛时它又故技重演，在一辆电动三轮车的瓦圈上滋了一泡尿。这辆车是老胡的，老胡每天的任务只有两项，一是不时注视着在碎石路上散步的老伴儿，二是用一团棉丝不断擦拭爱车。可以毫不夸张地说，那辆电动三轮车被他擦拭得油光锃亮，尤其是瓦圈和车把，完全可以照出人影。那天，我感觉小宝往后一退，心想不好，回头一看，它正跷起右腿冲着瓦圈方便。我急忙一拖绳，还是有半泡尿滋在了车轮上。

"嘿，这是怎么话说的！"正在擦拭另一侧车轮的老胡站直腰，转过来指着瓦圈上的尿迹吼："什么意思啊，你？"我急忙堆出笑脸，从兜里掏出纸："对不起，对不起，我给您擦干净。"老胡一脸不屑，斜了我一眼，蹲下身用棉丝边擦边说："擦什么呀擦？一边去吧你，以后离我远点！"① 我受了抢白心中自然不爽，想惩罚小宝，见它正可怜巴巴瞅着我，像是随时准备接受斥责，心肠便软了，于是把怨气又重新集结于老胡。

老胡这个外号就是在那一天正式命名的。

② 这之后，我尽量在时间上避开老胡，避不开时也一扭头装作看不见。老胡呢，见我走来，不是背过身去点燃一支烟，就是弯下腰擦拭已经锃亮的瓦圈。我们虽然彼此膈应，但是大路朝天各走半边，有一年多时间没有再发生擦枪走火事件。不想，就在我逐渐有些懈怠的时候，一场更大的冲突发生了。那一天，小宝趁我不备在他的车轮上又撒了半泡尿，另半泡尿因为我使劲一拉绳子，哩哩啦啦滴了有一米远。这回老胡不干了，牛眼一瞪，目光中透出两股寒气："嘿，去年你就来过这么一出儿，我没跟你计较。怎么，来劲了是不是？"我自知理亏，忙赔着笑脸一劲儿道歉："对不起，对不起，它太让人生气。"说着给了小宝一脚，本为消减老胡怒气，③ 没想到他不领情，点着我鼻子喝道："它是畜生，你不是，你应该有能力管好一条狗啊！"这话噎人且带有极度的轻蔑，我也火了："怎么

① 小狗惹祸，主人遭殃。作者用拟人的修辞手法，对小狗准备接受惩罚时楚楚可怜的神态进行了传神的刻画，又体现了作者心地的善良。

② 如何来描写两个人之间的隔阂？这是写作上的一个难点。作者用平实的写作技巧，对人物动作进行精准的刻画，把人物微妙的心理表达得非常传神。

③ 作者通过对两人语言的描述，刻画了他们针尖对麦芒、毫不相让的脾气和性格。

117

说话呢你？你别用手指我行吗？""我指你啦,怎么着？"他骂了一句脏话,又挥了挥手,那五根手指像是五根进口的小胡萝卜。我自然不会示弱:"你骂人？你想打架吗!""打架？"老胡回身做出要从三轮车里抄家伙的架势,"打架我怕你？"我暗想,这回算是遇见垃圾人了,想抽身又磨不开脸,正好有几位看小孩儿的妇女上前劝架,我立马就坡下驴。回头看老胡虚张声势地挣巴了几下,也偃旗息鼓了。

① 我极为撮火。老胡居然想动之以拳脚,嘿,太张狂了!一定要找个机会治治他。这想法正在路上酝酿,忽听身后有三轮摩托的隆隆声,回头一看,老胡着急忙慌赶上来,在我前面停下车。我脑袋嗡一下,心想,还没等我想出报复的招儿,人家已经追上来了。我下意识看了一下四周,想找一根木棍防身。因为老胡的坨儿比我大出至少一号儿,如果手里再有件家伙,我确实应对不了。老胡下了三轮车,拍了一下后座上老伴儿的肩膀,又冲我招招手,脸上居然绽开了难得一见的笑容。他这是唱的哪一出？暗度陈仓？欲擒故纵？我有些蒙圈。

② "老弟,还生气呢？"老胡走近我,脸上始终挂着淡淡的微笑,"今儿是我得理没让人,你别见怪啊。"我有点不知所措,刚才还是惊雷暴雨,怎么一下子就成了秋月春风？不过,既然人家送上了橄榄枝,我当然应该接过,我不是好战分子,我也爱好和平啊,便忙说:"两次弄脏你的爱车,你生气是可以理解的。"老胡故作亲热地拍了一下我的肩膀:"咱哥俩低头不见

❶ 说到曹操,曹操就到。作者心里正准备报复老胡,没想到老胡竟然来了。这段心理描写非常生动、形象。

❷ 一会儿狂风暴雨,一会儿又是雨过天晴,这变化的幅度也太大了吧,任谁都无法短期内适应。作者以生动的笔触对心理进行了传神的刻画。

抬头见也有两年了吧？俗话说不打不相识，以后咱们就是朋友了。"我也投桃报李地拍了一下他的肩膀："没问题，老胡，以后咱们就是朋友了。"这以后，我遛狗碰见他时会点点头儿，他也会向我招招手。我们时不时还会没油少盐地搭讪两句："今儿天气不错啊。""是呀，你看天有多蓝，蓝得能掐出水儿。""嘿，贸易战升级啦！""可不是吗，美国又向咱们加收了 2000 亿商品关税。"

一个下着霏霏细雨的上午，我从街心公园的早市买菜出来，忽然有人在后面拍我肩膀，回头一看，是老胡。"看看，什么丢了？"老胡拿着一个手机在我面前晃了晃。①原来我买菜时，从绑在胳膊上的手机套里掏完钱忘了拉回拉链，出门后弯腰去牵绑在路旁栅栏上的小宝时，手机滑落出来，正巧被随后从早市出来的老胡看到拾起。我的手机没设密码，微信又绑着银行卡，如果被贪小的人拾到，后果细思极恐。为了表达心中的感激，隔天我买了几个甜石榴硬塞给了老胡。老胡捧着石榴，冲着我的背影喊："嘿，这是怎么话说的，一点小事，何足挂齿。老弟，你太客气了。"

②日子一天天过去，我和老胡的情分也像开春的迎春花一样，味道一天比一天浓郁。我们不再匆匆擦肩而过，时不时我们会神侃几句。通过聊天我知道了，他原来是某铸造厂的翻砂工，2000 年初国企改革被买断了工龄。好在他爱吃，对美食情有独钟，自学了烹饪手艺，在饭店里找了一份厨师的差事。这期间，他经朋友介绍还到曼哈顿的一家中国餐馆干了两年红案，

❶ 作者采用插叙的写作方法，交代了丢失手机的过程，体现了老胡的善良本分，两人的友谊进一步升华。

❷ 两人关系在相互理解相互关心中得到升温。作者以明喻的修辞手法刻画了两人之间深厚的友谊。

❶ 作者和老胡之间有了密切的了解，老胡的故事正好回应了文章的开头，使文章首尾呼应，浑然一体。

❷ 艺术来源于生活，小说要反映社会的现实、现实中的生活。作者运用平实的语言，把社会街头骗局刻画得生动形象。

日子过得算是滋润。① 两年前挂勺封刀，不是精力不济，而是因为老伴儿得了类风湿性关节炎，他要专心伺候。除定时陪老伴儿到医院针灸治疗外，每天沿石子路走十圈也成了必不可少的功课。怪不得无冬历夏老妇人都裹得严严实实，怪不得拄棍独行的她每一步必须在老胡的视野之内？脾气暴躁的老胡也有非常柔软的心肠，用他的话说，对于老伴儿，他永远是一头不尥蹶子的小毛驴。

老胡的侠义，几天后又得到了一次完美的诠释。

那天上午，我正牵着小宝在公园里散步，忽见前面围了一群人。这地界儿总有几个操外地口音的人设局行骗，不变的剧情是：男主拿一盒钱币、一尊佛像或一个瓷瓶，不是乾隆年间的官窑就是春秋战国时的物件，总之价值连城。因为急于用钱，所以要马上出手。四围便有几个托儿做出急切状，说这个物件如何如何值钱，怎么能够这样轻易出手？男主便哭丧着脸诉说时下的窘境，或是妻子病重需动手术，或是老妈逝去要办丧事，② 总之，但得有一点办法也不会把祖传的宝贝变卖。说到动情处，还会挤出几滴眼泪。助演们更是做出同情状，翻遍全身掏出三五千，说我只有这些钱能否低价转让？男主自然不肯，于是剧情推向高潮，忽悠围观或路过的人捡下这个天大的便宜。

我熟知他们的骗术，牵着小宝正想从旁边走过，忽听里面传出一个熟悉的声音："嘿！这是怎么话说的？碰瓷啊？你可找错人了！"呦，这不是老胡吗？

原来老胡经过时，见一个北京的老太太被忽悠得几乎信以为真，准备带着骗子到银行取钱，就下车当场揭穿了他们的骗局。这一下激怒了骗子团伙，他们把老胡围在中间，又故意失手摔碎了那个所谓的青花瓷瓶，叫喊老胡不拿出两万块钱休想离开。① 老胡也不含糊，叉着腰瞪着一双牛眼，挥着小蒲扇一样的右手："怎么着，朗朗乾坤，天子脚下，你们要明抢吗？什么青花瓷瓶，在潘家园地摊上连一百块都不值！"男主蹲在地上哭得一把鼻涕一把泪，如同受了天大的委屈。几个托儿你一言我一语地围攻老胡，老胡一人难敌四脚，脑门儿开始冒汗。

② 我挤进去，捡起一块碎瓷片看了看、敲了敲，装作很内行地说："这明明是新瓷，说这瓶子值一百块钱真是高估了，你们这是明显的敲诈勒索，就不怕进局子吃窝头吗？"几个托儿放开老胡跟我理论，说我不懂装懂，说我没事找事。我掏出手机，神色一凛："不服，我马上报警，咱们到公安局去说明白！这么多年了，你们的骗术怎么也不翻翻新啊！"骗子们见我底气十足，又听到围观的群众齐声附和，知道骗术已然穿帮，再闹下去凶多吉少，只好挤出人群臊不搭溜了。③ 老胡如释重负，习惯性地把左边几绺头发向光秃的脑瓜顶捋了捋，冲我一拱手："谢谢老弟为我解围。"我很潇洒地挥了挥手，牵着小宝边走边说："老胡，理当如此，不必言谢！"走出十多米，忽听老胡喊了一声："老弟，请留步！"说着腆着将军肚向我走来，满脸疑惑地问，"哎兄弟，我姓郝，赤刀郝，你怎么总叫我老胡啊？"

❶ 作者通过语言描写、动作描写，将老胡面对骗局义正词严、大义凛然的形象很好地展示了出来，令人敬佩。

❷ 作者通过语言描写，助力老胡，给老胡帮忙，共同抵御社会诈骗。

❸ 作者对老胡进行了动作描写、语言描写，字里行间洋溢着老胡的感激之情。

我一愣，是啊，我怎么总叫他老胡呢？噢，对了，是因为当初他凶巴巴的样子，长得又有点像《沙家浜》中的胡传魁，便给他起了这个绰号。时间一长，在潜意识中竟也不再质疑了。可是，这一切怎么向他解释呢？① 我只好装傻充愣地拍了一下他肩膀，掩饰地一笑，说："好，好，老郝！老郝好！"以后再见到他，我会老远地扬起手喊一声："老郝！"他也会满脸笑容地回应我一句："老弟！"这时，绽开在他脸上的笑纹就像下在开水中的挂面，捞也捞不住。

其实，这位老哥笑起来真是挺招人稀罕的。

❶ 老胡真的不是老胡，而是老郝。"老胡"是作者给他起的绰号。

延伸思考

1. 老胡为什么不姓胡？

_____

_____

2. 作者是如何描绘老胡外貌的？

_____

_____

3. 作者与老胡起初是因为什么化干戈为玉帛的？

_____

_____

第三辑

放下匆忙的脚步

生活也是一条河，一条流着欢乐也流着痛苦的河，一条充满着凶险而又兴味无穷的河。

——古华

【2022 年山东省济南市中考语文试卷】

阅读下面的文章，完成下面小题。（21 分）

你是排长我是兵

①总是想起老韩，《人民文学》的同事私下里也叫他"韩排"，因为他在部队当过排长。

②我当兵那年，老韩已经是排长了。我的排长是山东人，和老韩很是相像：皮肤黝黑，身量高挑，话也不多。排长日常和兵住在一起，如果是大通铺，会睡在炕头或炕尾。他平常会斜挎一支带皮套的五四式手枪，在兵眼里，非常威风。我对排长由衷的敬慕，和他的这一英姿极为有关。晚上，他会把手枪挂在炕头的挂钩上，我几次想把玩一下这支令我神往的手枪，只因排长不怒自威，没敢。

③怎么认识老韩的，记不清了，应该是在一次作家聚会上。反正，一聊天就生出几分敬畏。他与排长都姓韩，神情举止又酷似。于是，就像玩旋转木马，在我心里，一种距离一下子定格了：他是排长我是兵。

④那时，老韩是《人民文学》二编室主任，已是极有名的作家。

我也曾读过一篇他的散文，字字珠玑、文采飞扬、大气磅礴。很少见老韩滔滔不绝，一般作"嗯""啊"的点头状，间或发几句宏论，自带气场，总是一副很深沉的样子。

⑤我曾在一家刊物主事，刊物发行不好，眼瞅着要黄摊儿。为了扭转被动局面，我策划了一个电视专题片进行营销，需请一位有影响力的作家出镜，为刊物说几句好话。我立即想到了老韩。我很不好意思开口，因为一分钱劳务费都没有，加之老韩性格一向高傲，我担心他会不情愿。可急着录制，便向他讲了我们的窘况。"得，别说了，我去。"第二天他很早就来到杂志社，录制完已近中午。我十分过意不去，说："老韩，中午请你吃饭吧。"老韩一笑："穷得都叮当响了，请我吃什么饭呀，给你们杂志社省两钱吧！"说完，一偏腿，飞身跨上自行车，疾行而去。

⑥我对老韩敬重有加，除了他与我的排长在形象上重叠，让我有一种先入为主的印象外，还有一个原因。那是1995年初冬的一天，天朗气清。老韩突然给我电话，电话里风轻云淡地说，你写篇稿子吧。我喜出望外，立马投入采访，完成了报告文学《世纪之泣》。在1996年7月的《人民文学》发表后不久，老韩告诉我作品获奖了。我永远难忘那次在人民大会堂举行的十分盛大的颁奖仪式。过后和老韩闲聊，我说我有一个"世纪三部曲"写作计划，老韩听了点点头，平静地说道："你写吧，我都用。"他说话的语气波澜不惊，就像我当年在连队当兵，排长在晚点名时肯定了我两句。

⑦我的眼前展开了一幅诱人的画卷，我像一只即将放飞的雏鹰，对未来的世界心驰神往，跃跃欲试。

⑧这以后，又给过老韩几篇稿件，也无一退稿。现在回想起来，20世纪90年代，是文学的黄金时代，各大名刊更是文学爱好者心中的圣地。对于一个没什么名气的文学写作者来说，有"国刊"之

誉的《人民文学》会上门约稿，几次投稿都被采用，该是一份多么厚重的信任和荣幸！

⑨其实老韩牛得很。老韩有两句"名言"：一句是"《人民文学》发一本也是大刊"；还有一句是"我从不轻易约稿，愿意写就给我，不愿意写决不强求"。1997年我调入《人民文学》杂志社，和他在一个办公室，更是有机会领略到了老韩的磊落和风骨。一次他接电话，只是简短的几句对话，听得出对方是因为一篇稿子和他套近乎。老韩表情有些不耐烦，应付了几句，见对方仍不挂电话，脸一下拉下来："稿子用不用有标准，质量不行，你说出大天也没用。"挂断电话他"嘿"了一声，眉峰一挑："一切以质量说话。行，发；不行，谁来了也白搭！"

⑩老韩退休后，依然风风火火，经常看到他出席各种活动的信息，似乎更忙了。他就像一瓶陈年的老酒，岁月没有影响它的品质，反而越来越显珍贵。后来得知他猝然离世，我心一颤，如同被风雪覆盖的旷野，寒冷而凄凉。

⑪我和老韩虽然不在一个部队服役，但在我的潜意识中，一直视他为我的排长。我忘不了当年排长晚上为我盖被的情景，忘不了他白天带我训练的情景，忘不了他在我窘困时鼓励我的情景。老韩与我排长的形象又一次重叠，老韩是我的同事、兄长，更是我的战友。

⑫在我心里，有一种关系永远不会改变：你是排长我是兵。

（选自《光明日报》，有删改）

1. 通读全文，根据提示，按照文章顺序概括讲述的事情。（4分）

（1）我请老韩帮忙做宣传，他不要劳务费；

（2）_____；

（3）老韩继续跟我约稿，稿件无一退还；

（4）_____；

（5）老韩退休后参加各种活动，发挥余热。

2. 品味语言，回答下面问题。（7分）

（1）结合语境，赏析第⑥段中加点词语。（3分）

老韩突然给我电话，电话里风轻云淡地说，你写篇稿子吧。
　　　　　　　　　　　　　·····

_____

_____

（2）从修辞方法的角度，赏析第⑪段画线句。（4分）

　　我忘不了当年排长晚上为我盖被的情景，忘不了他白天带我训练的情景，忘不了他在我窘困时鼓励我的情景。

_____

_____

3. 结合文章内容，谈谈你对第⑦段画线句"我的眼前展开了一幅诱人的画卷，我像一只即将放飞的雏鹰，对未来的世界心驰神往，跃跃欲试"的理解。（5分）

_____

_____

_____

4. 文章第③段说"他是排长我是兵"，第⑫段说"你是排长我是兵"。结合全文，说说前后人称为什么发生了变化。（5分）

_____

_____

_____

优优的眸子

全文围绕"眸子"进行写作，初见优优时他的"大眼睛忽闪忽闪的，充满好奇；黑葡萄一样的眸子天真无邪"，"眸子"反映了孩子内心世界的纯净，传递了孩子世界的美好与希望；后面"眸子"笼罩着一层阴霾，"眸子"的变化反映了文章的主题：成人世界的复杂与欺诈，给孩子的世界蒙上了阴影，社会需要信任。

❶ 对优优眼睛的描写，反映了孩子内心世界的纯净。

优优是我退休后结识的第一个小朋友。他是早市卖菜女的孩子，剪一个盖儿头，穿一身泛白的牛仔服。①大眼睛忽闪忽闪的，充满好奇；黑葡萄一样的眸子天真无邪，仿佛一潭清澈的泉水，能让你的心沉进去。

算是机缘巧合，那天我在家门口的街心公园散步，见一个小男孩儿在前面走，天性喜欢孩子的我赶上去拍了一下他后脑勺。男孩儿回眸一笑，目光纯净如水。我问："你叫什么？""优优。""几岁了？""五岁。""给我当孙子吧？"本是一句玩笑话，没想到他停住脚步，很认真地用南方口音的普通话拒绝道："不行啊，我有爷爷了。"我笑了，"那……就叫我干爷吧。"① 他煞有介事地歪头做思考状，少顷，似乎觉得这个折中方案还不错，就眨眨眼说："干爷？好，就叫你干爷吧！"

❶ 动作、语言描写表现了优优的天真可爱。

从此，我们成了朋友。

散步时遇到他，小家伙总会陪我走上一段。我们会聊很多很好玩的话题，比如楼房可不可以盖在天上，地球为什么是圆的而不是方的。他还很神秘地向我透露过一个非常接地气的秘密：他们中的孩子头其实不是孟虎，而是小胖儿，因为小胖儿的爸爸在市场里收税，很厉害呢！说后几个字时，优优的眉峰上挑，双眸中闪过些许敬畏。有一次他忽然问我："干爷，你说每个人都会死吗？""当然。""那我妈妈也会死吗？"我踌躇了一下，"也会。"他停下脚步，"我不让她死。"说着，眼睛中竟闪出泪花。我没有探究是什么契机，促使这个小脑瓜思考如此沉重的哲学命题，只是被他双眸中闪烁的真情感动，忙安慰他，"只要你听妈妈的话，让妈妈高兴，你妈妈就会活很久很久。"很久是多久？一百年吧。看来，一百年——在优优的心目中是一段足以满意的时间长度，他嘴一咧，笑了。

② 通过优优，我认识了妞妞、小胖儿、大牛和孟虎。我知道了，每天凌晨三四点，他们就会被父母从

❷ 为下文他们到"我"家吃饭做铺垫。

床上提溜起来，抱上三轮车或者小蹦蹦儿到郊区的批发站进菜、进水果、进各种小商品。赶到早市时，如果是冬天还黑咕隆咚，夏季天也才放亮。早市和街心公园比邻而建，有一扇门就开在公园里，父母们开始做生意了，他们就像一群羔羊，被放逐到公园随便玩耍。夏天还好，若是寒冬腊月，朔风像小刀一样刮在脸上，真够这些孩子受的。成了朋友后，他们一见我，就会一起高喊干爷，欢呼雀跃着扑上来。接下来便会簇拥着我来到公园的小卖铺，为他们买上一支棒棒糖、一根雪糕或是一张贴画。假如我外出有几天没在公园出现，他们再见到我时会问："干爷，这两天你怎么没来呀？我们都想你了。"① 我逗他们："你们是想雪糕和棒棒糖吧？"孩子们也不避讳，拖起长音齐声高喊："对——！"

❶ 语言描写，表现了"我"和孩子们之间的感情，也表现了孩子们的单纯、直率。

和孩子们在一起，成了我最快乐的时光。他们的双眸是那么纯洁，那么清澈，那么让人心醉。我懂了，孩子所以被称为天使，或许就是因为那一双纯洁无瑕的眸子吧？相对成人世界的龌龊与欺诈，他们的双眸真的是上天为我们点亮的雪谷明灯，在寒风凛冽的情感世界，向我们传递了多少美好与希望啊！

妞妞是个三岁的小丫头，月牙眼、娃娃头。天凉时，圆圆的小脸上会淌出两道清鼻涕。我说："妞妞，小姑娘要注意仪表。"再见到我时她就会用我递过的纸，把鼻涕擦得干干净净。有小伙伴欺负她，也会拉我去为她出头。有一次，小东西竟然指着一位扈三娘一样粗犷的中年妇女，抹着眼泪说："干爷，她不让我上她家的汽车。"这事我摆不平了，又不能有损干爷的威信，只好敷衍她："不上就不上，将来妞妞长大了，买一辆更棒的汽车，好不好？"妞妞知道这虽然遥远，但聊胜于无，总算有了念想，还是破涕为笑了。^① 前不久我散步路过早市门口，见她噘着嘴，一个人站在那里不高兴，就走过去问："怎么了？嘴噘得能拴一头小毛驴。"妞妞忽闪着月牙眼向我告状："干爷，他们说我唱歌不好听。""谁这么说？"我佯装生气。"小胖儿和孟虎，优优也说了。""不好听就不好听吧，也挡不了吃挡不了喝。"我逗她。"不——！我不让他们说，我要当歌星。""为什么？""歌星挣钱多。"挣钱多？一个三四岁的小女孩居然有这样的商业意识，我有些愕然："挣那么多钱干吗？""我要给我爸买一辆汽车拉货，不让他每天蹬三轮了！"

我一时语塞，不由心头怦然一动。

说是早市，其实要到午后两点来钟才收摊。临近中午，小贩们要回家开始甩卖，一些退了休的老头老太太就赶来扫货，这时早市的生意最红火，摊主顾不上给孩子买饭。优优他们天不亮来到市场后，会被父母领到附近的大排档吃上一碗牛肉面，或是两个肉夹馍，就一直要扛到下午回家了。因为房租便宜，他们的家都在城乡接合部，从城里赶回去已到了吃晚饭的光景。正是长身体的时候，每天两顿饭怎么成呢？有一天优优陪我散步，路过我家时，我随手一指，说："干爷就住在这栋楼的一单元702号，你们要是中午饿了，可以去找我啊。"优优双眸一闪，又问了一句："是这

① 幽默的语言描写，将妞妞噘嘴的状态形象生动地表现了出来。

座楼吗？"我说："对。坐电梯到六层，再爬一层。"

其后两天我因故没去散步，第三天临近中午听到有人按门铃。"谁呀？"没人答话，却听见有窸窸窣窣的声响。隔着门镜一看，哈，原来是优优带着妞妞、小胖儿、孟虎来了。我急忙开门，小东西齐声叫："干爷！"厨房里的太太闻声出来，一看这阵势，明白了。她嗔怪地瞪了我一眼："又招小孩子了，怎么也不提前说一声？"优优聪明，双眸一亮："这是干奶吧？""对。"我高兴地拍拍他的后脑勺，"判断正确，加十分！"优优也不客气，冲小伙伴一挥手："进屋，让干奶给我们做饭吃。"老婆问："我没有多准备饭啊，吃什么？"是呀，吃什么呢？优优是江西人，妞妞是河北人，小胖儿家在安徽，孟虎来自山东，整个一个五湖四海呀。我想了想，说："蒸点米饭，炒个鸡蛋西红柿吧，南北皆宜；再把你的老干妈辣酱拿出来，谁愿意吃谁吃。"我的提议得到了孩子们的一致赞同，只有孟虎弱弱地问了一句："有大饼吗？"我笑答："大饼会有的，大葱也会有的。"孟虎一听，憨厚地笑了。吃完饭，妞妞要看动画片，小胖儿要玩电脑，优优和孟虎则在客厅里玩起了骑马打仗。^①像是一壶滚开的水，房间里顿时热闹起来。这种热闹自从儿子长大成人后便久违了，我有一种穿越时空的感觉，仿佛一下子又回到了逝去的岁月，^②——有纠结、有烦恼，但更多的是快乐与温馨。

"一点多了，你们该回去了！"老婆看了一眼墙上的挂钟，给他们一人塞了一块旺旺雪饼。孩子们接过饼却不走。"不，干奶，让我们再玩一会儿吧！""不行，

① 运用比喻的修辞，将热闹的房间比作一壶开水，生动形象地表现了孩子们的活泼好动。

② 优优带着小朋友们到"我"家里吃饭，"我""有纠结，有烦恼"，但"我"仍然特别欢迎他们的到来。

回去晚了你们的爸妈该着急了。"老婆知道早市要收摊了，催促着孩子们穿上鞋，送他们下电梯出大门进了街心公园。回来后她责备我："你以后能不能别再招惹小孩儿了，你就是不长记性，上次的事你忘了吗？"

怎么会忘呢。大约是两年前，我在小区的楼前练健身器械，和一个半大小子聊得十分投机。那男孩儿十二三岁，活泼又有礼貌，我练完器械要去跑步，男孩儿追上来要和我一起跑。①我们沿着亮马河跑了一圈儿，回来刚进小区门，就被两辆警车一前一后夹住。车门打开，下来四个警察，虎视眈眈把我围起来。我愣了，不知道出了什么事。一个警察指着那个男孩问："你认识他吗？"我点点头，又摇摇头。警察追问："你认识他，他叫什么名字？不认识他，为什么和他在一起？"这问题实在太怪异了，我无言以对，就说："你们是不是误会了，我们只是一起跑了一圈步。"另一个警察有些狐疑地看了我一眼，问那个男孩儿："是这样吗？"男孩儿惶恐地点点头。我知道，我肯定是被冤枉了，忙说明身份并一指不远的楼房说："我就住在这小区，不信你们可以查。"警察拿出手机调出我的信息和照片核对无误后，咂咂嘴："噢，确实误会了。是这样，这孩子和他妈到居委会办事，他要玩器械，他妈办完事出来一看，孩子没了，听人说是跟一个中年男人跑了，于是拨打了110。你这人也是，不知道眼下拐卖儿童案频发吗？"

那次事件发生后，妻子就断言，你再招惹小孩儿非惹出点事端来不可，你说你喜欢小孩儿，别人会以

❶ 运用动作描写和场景描写，将警察围堵"我"的画面形象地呈现了出来。

❶ 孩子们的变化，印证了上文中妻子说的话。

❷ 语言质朴生动，"拔凉拔凉的""刺啦"等口语运用得当，写出了"我"不被人信任的心理。

❸ 运用语言描写，作者虽心有不甘，但深思熟虑后再次向优优强调了"不要和陌生人说话"是正确的做法。

为你居心叵测。没想到，事态的发展完美证实了她的预见性。第二天我到公园散步，发现风云突变，形势急转直下。①孩子们见到我不再"干爷、干爷"地叫着扑上来，而是目光闪烁，视同路人。小胖儿和孟虎甚至还快步离我而去，我紧走两步，他们竟撒腿就跑，真是邪性了！经过早市门口，我看到了优优，优优也看到了我，他有些迟疑，想走又停下脚步，咬了咬嘴唇说："干爷，妞妞的妈妈、小胖儿的妈妈，还有我的爸妈都说你是坏人，会把我们卖掉，不让我们和你接近。"

瞬间，②我的心拔凉拔凉的。好像一盆炭火被一瓢冰水浇灭了，刺啦一声，腾起一股浓浓的怨气。这些为人父母者，真是善恶不分，皂白不辨，心理阴暗，不可理喻。人世冷漠，不就是由于人与人之间互相提防造成的吗？我真想拽上优优去找他们的父母论理。又一想，能怪他们吗？拐卖、伤害儿童案高发不下，多少父母痛悔终生！为了防止案发，有些幼儿园和学校在门口已经布置了警力。换位思考，如果我有了孙子，恐怕也不会让他随便和陌生人接近。只是，仍心有不甘，就问："优优，你看干爷像坏人吗？"优优眨眨眼，目光中是难言的纠结和疑虑："我……不知道。"是呀，对于五岁的优优，这实在是一个无解的方程。③我拍拍他的后脑勺，很郑重地说："干爷不是坏人，但是干爷不能保证其他的陌生人不是坏人，你们爸妈说的有道理，听他们的话，以后不要再和陌生人说话了！"

说完，我转身走了，一时心里空落落的，如坠枯井。

走出没几步，我听见优优叫了一声：干爷！回头望去，见他站在那里怔怔地望着我，大眼睛忽闪忽闪的，依然充满好奇。① 只是不知从什么时候开始，黑葡萄一样的双眸上笼罩了一层令人心碎的阴霾。

❶ 首尾呼应，优优的"眸子"从单纯无邪到笼罩着一层阴霾，发人深省。

延伸思考

1. 结合全文，谈谈你对标题中"眸子"的理解。

_____

_____

2. 对于文章的体裁，有人认为是散文，有人认为是小说，你的看法是什么？请结合文章进行分析。

_____

_____

穿上军装见班长

战友情是人生中最珍贵的情感之一。在部队，战友之间相互关心、嘘寒问暖、悉心指导，结下了牢不可破的战斗情谊。战友情是一种人间至情，通常指部队中战友之间的一种情感。那么，作为局外人，我们该如何体会这种人世间最珍贵的情感呢？请阅读本文体会吧。

❶ 朴素的语言、质朴的情感、由衷的感慨，作者以自问自答的方式，直接阐述了老班长住院这一事情，推动了故事情节的发展。

有朋自远方来，不亦乐乎。何况，是睡过一条大通铺的战友呢。①推杯换盏自然少不了，酒至半酣，解山忽然幽幽冒出一句："老班长在北京住院了，知道吗？"见我愕然，又补充道，"就是七班长尹志烈啊！"

尹志烈！这名字如同阿里巴巴的暗语，一旦提及，立即洞开了我的记忆之门。

老班长并不老，他退伍时也就二十五六岁年纪。称他老班长，一是在全连的班长中他军龄最长，已当了六年兵；二是他的相貌老，媳妇还没娶，眼角额头便爬上了深深的皱纹；一笑，深褐色的脸上便如同被大水冲过的坡地，横七竖八布满"沟壑"。

我当兵前喜欢写写画画，作为文艺特长兵穿上了军装。在分部创作组待了半年，整不出一篇像样的作品，于是要求到最艰苦的工程团下连锻炼。没承想，我那1.75米的身高,在主要是四川籍战士的连队竟成了"排头兵"。① 那时我18岁，刚出校门不久，身高却力亏。别人扛起两袋水泥一溜小跑儿，我抱起一袋一步只能挪上半尺。解山是班里的团小组长，早我两年入伍，和老班长是同乡，俩人的家只隔着一条河。这兄弟自小在父亲的铁匠铺里帮工，身量不高，却结实得像一头牛，浑身永远有使不完的劲儿。他自己干活不惜力，也容不得别人偷奸耍滑，见谁施工不出力或者训练不刻苦，就会想法儿"修理"谁。我干活的样子肯定让他看着恼火，施工回来平整操场，要用藤筐抬黄土、石块，他就有意往我筐里多装，又把绳子从扁担的正中向我这边多移了几寸,我一起身，一个趔趄便跪在地上。② 老班长看见了，凶巴巴骂一句"熊兵"，冲过来一把推开他，把绳子多一半移向自己。眼一瞪，喝一声：起！委屈和感动交织的泪水便顺着我的眼眶涌出。

晚上，老班长把解山叫到屋外，一手叉腰，一手点着解山的鼻子"熊"道："人家一个城里孩子，能到山里吃这份苦就不易！他个子不矮，身子多单薄，你伸出一条胳膊抵得上他两条粗，可施工、训练人家叫过苦吗？你是老兵，不帮他还欺负他，阶级感情哪儿去了？啊，你个熊兵！"那是20世纪70年代初，"有

❶ 作者运用对比的修辞手法，将自身与他人的差距形象地表现了出来。

❷ 办法总比困难多。面对这样一个新来小兵，班长并没有指手画脚，而是换位思考，感动了作者。这就是领导的工作方法。

没有阶级感情"是一句很重的责问，和现在"你还算是个人吗"分量差不多。解山低着头，垂手而立，月色把他的身影拉长，从他喃喃的话语中能感受到他的羞愧："老班长，你别说了，我知错了。"

第二天，我们班完成训练科目后，被连部派到火车站卸沙子，一人一个车皮。①站在沙堆上，脚就往里陷，再抡起一把十几斤重的大铁锹，干了不到半个时辰，我的衣服就像刚洗过一样，湿得可以拧出水来。初春的寒风一吹，贴在身上那叫一个冷，可是满满一车皮沙子却没被"蚕食"多少。②隔壁车皮的老班长见了，抹一把脑门儿上的汗水，拄着铁锹喊："杜卫东，你下去看枪。"十多条五四式半自动步枪就架在铁轨旁的斜坡上，完全在我们的视野之内，我知道班长是想照顾我，就站着没动。他眼一瞪："没听见吗？执行命令。"昨天被班长"熊"过的解山已经卸了小半车皮沙子，他也直起腰，冲我招招手："我挎包里有衬衣，拿出来换上。放心，你这点活儿，搂草打兔子，我和班长就干了。"

在那艰苦的岁月里，老班长就是这样默默关照着我。吃饭时往我的碗里多拨几块肉，寒夜里替我站上一班岗，空闲时和我聊聊他家村头的那条河、河里遨游的鱼群和光着屁股在河里洗澡的孩子；当然，还有撒了一岸的船歌和被船歌洇红的落日。难忘那一个个夜晚，微风在山谷中歌唱，月亮在云絮中潜行，满天的星星像是撒在深蓝色天幕上的白钻石，烁烁闪光。③我和老班长在营房后的小溪边并肩而坐，眺望朦胧

---

❶ 作者运用对比的修辞手法，突出了部队军训的工作量之大，但这很能磨炼人的意志。

❷ 老班长担心下属的身体，对作者进行了不露痕迹的关照。作者运用心理描写，表达了对班长的感激之情。

❸ 作者用浪漫的笔触、比喻的修辞细致刻画了作者敏感的心理，字里行间洋溢着对老班长的尊重，呼应了文章的开头，为本文的主旨提供了重要的佐证。

的群山，说着闲话。他常常随手扯上几根小草，放在嘴里有滋有味地嚼着，话语不紧不慢，声音清澈而富有磁性，就像潺潺的流水，在我的心田上轻轻漫过。

　　我爱出汗，平时军装汗痕不断，老班长洗衣服时便"顺带手"把我的军装也揉上一把。我发现，他洗衣服的"频率"明显加快了，他是怕单独给我洗让我过意不去，也特别注意起了个人卫生。我做错了事，老班长批评起来也不含糊。有一次因为丢三落四，我在夜间紧急集合时拖了全班后腿，回来后他让我对着墙站了半个钟头，面壁思过。那天晚上，有我一班岗，老班长没有像前两次一样替我，而是在子夜时把正在熟睡的我扒拉醒。可是，我实在太困了，勉强睁了一下眼，一翻身又睡了过去。① 刚又坠入梦乡，突然觉得一股寒气袭来，激灵一下，我打了个冷战。睁眼一看，老班长已把我的被子掀了，他压低声音吼道："上岗！"那目光中竟有一股我从未见过的凶杀之气。一下子，我睡意顿消，一骨碌爬起来，穿好衣服跟着老班长来到哨位上。② 夜色深沉，黑暗处偶有亮光闪烁，加上远处时断时续的狼嚎和呼呼作响的夜风，我不由得顺着后脊梁沟冒冷汗。老班长拍拍我肩膀，说："别紧张，是连长查哨。"果然，几分钟后连长走过来，用手电筒晃晃我们，问："七班长，你怎么也在这儿？"老班长回答："杜卫东第一次站夜岗，我带带他。"连长"噢"一声走了。望着连长消失在夜幕中的背影，老班长对我说："知道为什么我一定要把你叫起来站这班岗吗？记住，一个男人要学会担当，一个军人必须履行职责。你站好这班岗，就是完成了一个男

① 作者运用了神态、动作、语言描写手法，将老班长的霸气、杀气刻画得惟妙惟肖。

② 作者运用心理描写，把自己对黑夜的感受淋漓尽致地刻画了出来，恰如其分。

人的担当，履行了一个军人的职责。"黑暗中，老班长的眼睛像两颗星，温暖而明亮，从此闪耀在我心灵的天幕上，再也没有陨落。

本来，老班长是"干部苗子"。连里的司务长空缺，大家都传是留给他的。有一个礼拜天，我们还看见他和其他连的几个老兵一起进城到医院体检，那是提干必经的程序。当时老班长满面春风，脸上的皱褶也平展了许多，看得出他对未来充满了向往。确实，这个职务对老班长至关重要，因为他有患病的父亲和几个弟妹需要一个成熟的女人料理，而这个女人踏进老班长家门的唯一条件就是：必须提干。① 没想到年底一公布退伍名单，老班长却是头一名。那几天，他像一棵在阳光下暴晒过的油菜，蔫得没了一点儿精气神。送老兵离队会餐时，战友们围着他敬酒，这个一向流汗流血不流泪的硬汉几杯酒下肚，竟然哭得稀里哗啦。泪水中有对未来的失落，更多是对连队与战友的不舍。铁打的营盘流水的兵，只有当过兵的人才能咂摸出这话中的悲壮与沧桑。真要离开军营时，哪个兵不是挥泪而别？

② 临走的前一个晚上，老班长把我叫到小溪边，我们相视无语。良久，他才开口："明天我就走了，以后你要学会照顾好自己。好好干，别学我，一定要当个好兵！"我听了泪如泉涌，仿佛登上接兵的闷罐车和家人分手时的感觉，心里空落落的。③ 老班长的眼圈也红了，他递过一个报纸包，说："也没啥东西送你留个念想儿，这件军装我用不着了，送你吧，希望有一天你正大光明穿上。"我打开一看，是一件用两个兜战

① 提干是一件光荣的事情，退伍意味着永远地离开火热的军营。作者运用了比喻的修辞手法，非常细腻地表达出老班长此时此刻难受的心情。

② 老班长发自肺腑的临别赠言，对作者而言是一种鞭策。这种鞭策将使作者更加成熟、更加勇敢地承担责任。

③ 每个人都有自己的梦想，但有时梦想会被现实击碎。作者通过神态、语言描写，刻画了老班长此时此刻的无奈和对作者满满的期待。

士服改成的四个兜干部装。

后来我才知道，就是这件"干部装"断送了老班长的前程。他以为提干板上钉钉，探家时便悄悄改了一件穿上，为的是给那个女人吃颗定心丸，让她能多帮家里伸把手儿。提干是早一天晚一天的事，可老人头疼脑热的时候太需要一个女人擀上一碗热气腾腾的面条了。不知怎么搞的，这件事传回了部队，上级认为他有名利思想。在那个年代，名利思想是一个很严重的问题，提干的事因此便泡了汤。

和老班长一别就是几十年。这期间，我曾辗转打听过他的消息，杳无音信；还曾经在一家刊物的"友谊传呼"中发出过寻找他的信息，也没有回应。① 日子一天天过去，我忙于工作，渐渐把对老班长的思念留在了记忆深处。原以为时光已将过去尘封，哪知道，解山的到访竟使往昔的一切如钱塘江的潮水一样奔涌而至，令我难以自已。

解山告诉我，老班长退伍后，积劳成疾得了肝病。肝病是富贵病，需要调理、需要营养。老班长没有条件，病情愈发严重，十几年下来花光了家里积蓄。这次进京看病的钱还有一部分是亲友凑的，但已确诊为肝癌晚期。我问："老班长为什么不找我？我在北京的住址和联系方法都告诉了他呀！"解山抿一口酒，叹一口气道："谁说不是呢。我跟他说过，当年你对杜卫东那么好，如今有了难处他不会不帮的。② 可你猜他说什么？他说，当初对人家不错，有了难处就去找人家，有意思吗？再说我这病，治不治能有什么两样儿。"

❶ 解山的到来唤起了作者对老班长深深的思念。作者运用比喻的修辞，将思念奔涌之强烈以及思念之深刻形象地展现了出来。

❷ 作者通过语言描写，刻画了一个不轻易打搅别人、麻烦别人的厚道者形象，体现了老班长无私无畏的优良品格。

❶ 作者以抒情的方式，运用明喻的修辞手法和排比的句式，将自己对老班长的深厚情感源源不断地表达了出来，令人动容。

老班长啊，老班长！你好糊涂，我们虽然没有并肩上过战场，但毕竟在一起打过山洞，哪条洞子没有战友的命搭在里头？血浓于水，我们是患难与共、生死相依的兄弟啊！况且，<u>①没有你当年的关爱，我的心田也许会长出萋萋荒草；没有你真诚的激励，我的生命可能会失去茵茵绿洲，你给了我一捧人生的阳光，它正温暖着我生命的整个旅程。</u>这些年，无论人情冷暖、世事变迁，我的前方总会亮起一盏灯；在"友谊的小船说翻就翻"的当下，它足以让我守护好心中的那一份执着与担当了。我从衣柜里翻出了那件珍藏多年的四个兜干部装，我决定，明天一早就穿上它去看望老班长。我知道，这件军装早已不再时尚，但是它承载着我们人生中最为难忘的一段时光，积淀了太多无法化解的战友之情啊！

延伸思考

1. 老班长因为什么原因没有被提干？

2. 老班长临退伍前送了什么礼物给作者？有何用意？

3. 作者为什么说老班长"给了我一捧人生的阳光"？

有一种分别叫眷恋

名师导读 ▶

　　分别的含义是离别，眷恋的含义是对喜欢的人或事物深切地怀念、留恋。分别不是黄鹤一去不复返、白云千载空悠悠，分别是为了很好地纪念、回忆、怀念、回味。那么如何深刻地理解本文的题目呢？请阅读散文《有一种分别叫眷恋》。

　　①炳华同志担任中国作家协会党组书记期间，我先后在《人民文学》和《小说选刊》任职，一些往事如同晶莹的露珠，总是在我生命的叶片上闪烁。

　　老实说，第一次近距离接触炳华同志，我并不太"感冒"。

　　那是 2000 年的冬日，刚刚履新的炳华同志到作协下属各单位"认门儿"。事先接到办公厅通知，《人民文学》社委会成员早早就在会议室恭候。九点刚过，

　　❶ 开门见山。作者交代了炳华及其职务，交代了自己的工作，并运用比喻的修辞手法，描述了两人之间的往事，为故事的发展做铺垫。

❶ 作者通过外貌的细节描写，将新书记的容貌、衣着、体型等典型特征细腻地表现了出来，很好地刻画出人物的气质。

❷ 作者列举离退休老同志和柳萌先生高度评价炳华的事例，从另一个侧面体现了炳华高度的政治素养和谦和的人格魅力。

新书记在工作人员簇拥下走进来。① 他白净脸、身材略显消瘦，穿一件深色呢子大衣，头发梳得一丝不苟，领带好像是酱红色的，领结系得挺括而周正，说话沉稳，举手投足间很有领导干部气度。我暗想，作协是服务于作家的群众团体，和新书记的气场能搭吗？没想到，炳华同志很快就在作协机关获得好评。② 一些离退休的老同志对他更是不吝赞词，称赞他真诚、谦逊，平易近人。柳萌先生性格直爽，路见不平一声吼，在作协机关素有"大炮"之称，也当面或是电话中多次称赞炳华同志，说在他身上切实感受到了我党高级干部的优良作风。

我听了只是一笑，有些不屑。那时《人民文学》主编是程树臻老师，我前面排着四位副主编，根本轮不着我和党组书记接触。而且，本人才疏学浅，却因袭了传统文人的一点孤傲之气，耻于攀附上级。到作协开会，碰巧和炳华同志同乘一部电梯，也面壁而立，从不主动搭讪。

2005 年担任选刊主编后，我第一次走进党组书记办公室汇报工作。

见我进门，炳华同志起身招呼我坐下，然后热情地为我沏茶。汇报工作时，他面带微笑，始终专注地望着我，目光如水，却比水更为清澈和透明，让我的忐忑得以安放。临走时，他问我是怎么来的？我回答，坐单位一辆就要报废的货车。"货车？"炳华同志目光中有些惊愕，咂咂嘴感慨道，"我们的主编就是坐着货车在忙工作？"说着拿起电话，要让他的专车送我。

我忙推辞，起身夺门而出。走到楼梯拐弯处，见炳华同志依然站在门口。我心头倏地一热，有一种目光虽是惊鸿一瞥，却可以让人温暖三秋。

几天后，我的任性却伤害了炳华同志。事情是这样的：由于工作千头万绪，我深感压力巨大。《小说选刊》又是企业编制，财政没有拨款，我便在一次会议上当众发起牢骚，甚至双手作揖，对听取汇报的炳华书记说："我压根儿就没拿这个主编当个官做，您现在要是把我免了，我真要好好谢谢您。"① 炳华同志一言未发，只是默默地看着我，略微蹙起的眉头折射出他内心的复杂，有理解和关切，也有隐隐的焦虑与无奈。调我独当一面，和炳华同志的认可分不开，中国文人讲究"士为知己者死"，② 我刚上任就率性而为，当面向党组书记"发难"，至今想起来仍愧疚不已。其实，我们觉得自己坦率时，折射的往往是浅薄。因为坦率的标志不是自以为是，而是能够站在别人的角度去思考问题。

上海新闻界有朋友曾和我说，炳华同志在上海任市委宣传部部长时，口碑极好，他为人正派，工作忘我，待人真诚，平易近人。我原是将信将疑的，接触多了，深感朋友言之不谬。一天，柳萌打电话，说他约了几位老朋友小聚。按时赶到他家楼下的小馆，没想到炳华同志也在。入座时大家公推炳华同志主位，他不肯，于是柳萌先生提了一个折中方案：按年龄排序，炳华同志欣然响应，高高兴兴坐在了下手位。③ 席间，他和大家相谈甚欢，一点儿也不摆谱。作家甘铁生是性

① 面对下属无所顾忌的冷嘲热讽，炳华同志表现了身为领导的沉稳的气度和雍容的大度。

② 年轻人心高气傲，往往任性而为并且不计后果。当年对炳华书记的不礼貌行为，作者于多年以后开始反省并感到愧疚，这是作者成熟的表现。

③ 炳华的干部级别很高，但是平易近人，与基层群众打成一片，难能可贵。作者运用动作描写，刻画出了炳华的和蔼可亲形象。

情中人，起身向炳华同志敬酒，说到兴起处，还亲热地走过去做勾肩搭背状，炳华同志也毫不介意，依然谈笑风生。

印象中，炳华同志开会时见到我常常主动打招呼，询问我的身体状况，知道我睡眠不好，会拍拍我的肩膀，叮嘱我要学会释放压力，劳逸结合。见惯了文坛一些人的牛皮哄哄，对炳华同志的平易近人真是颇有感触。他像一炷檀香，没有刻意点燃，燃烧时也无声无息，而那冉冉飘来的关切却沁人肺腑，让你的心境明澈而温暖。《小说选刊》一次活动，我希望炳华同志为长篇小说奖的得主周大新先生颁奖。① 他正巧在外地出差，我很遗憾。颁奖前我来到签到处，忽见一个人拉着行李箱急匆匆走来。定睛一看，简直不敢相信，竟是风尘仆仆的炳华同志。秘书告诉我，为了参加《小说选刊》颁奖会，炳华同志特意调整了航班，一下飞机就直奔会场。

最难忘那个晚上，九点多了，办公室的电话铃忽然响了起来。我一怔，这么晚了谁还会来电话？拿起听筒，原来是炳华同志。他告诉我，他作为党组书记的最后一个批件是有关《小说选刊》的。他希望选刊在新一届党组的领导下，锐意进取，再创辉煌，不辜负党组和文学界的期望与重托。《小说选刊》出版300期庆典，炳华同志已经卸任，收到我的邀请，正在外地出差的他很遗憾不能亲逢盛会，马上草拟了贺信，委托我们在大会上宣读。

② 炳华同志待人以诚，像冬天里的一把火，不断

❶ 这虽然是日常工作中的一个小细节，但是体现出炳华同志对下属工作的支持，体现了炳华工作的大局观。字里行间洋溢着作者对炳华的敬佩之情。

❷ 作者运用了比喻的修辞手法，描绘了炳华同志燃烧自己照亮别人的高贵品格。作者列举了照顾诗人李松涛的事件进行佐证，增加了故事的可信度。

把温暖传递给别人。诗人李松涛严重失眠，在中国作家协会第八次全国代表大会上他告诉我，同样睡眠不好的炳华同志很关心他的身体情况，主动为他送来治疗失眠的药物。安徽作家徐子芳更是由衷地表达了对炳华书记的赞许，作为中国作家代表团的一员，出访前他们被炳华书记宴请，地点就在作协机关食堂，几样家常菜，一壶明前茶，简单随意。炳华书记鼓励大家虚心向外国同行学习，拓展中国文学对外交流的疆域；还不断为他们斟茶布菜、嘘寒问暖。子芳先生感慨万端，说没想到炳华同志对作家这样体贴入微。我也深有同感，外联部曾安排我出访亚洲某国，临行前却被莫名其妙地勾掉了，我很是怏怏不乐。[1] 时隔不久，我被安排出访爱尔兰。旅途中，外联部陈主任告诉我，作协对这次出访很重视，本来金书记要亲自挂帅，因为中央有事才临时换成他。而我位列其中，也是因为炳华同志知道我出国机会很少，特意为我选择了文学底蕴丰厚的这个国度。某省一位女作家还向我讲过她亲身经历的一件事。一天，她突然接到省委办公厅电话，让她第二天到机关食堂就餐。女作家不明所以，有点发蒙，原来是炳华同志到该省公干，点名请她出席工作晚餐。席间，[2] 炳华同志对在座的几位省里领导说，今天请的是女作家，其他同志都是作陪。女作家很有才华，希望省里关心和支持她的创作，为她提供更好的写作环境。女作家心头一热，那时她的人生遇到一些挫折，致使写作心态坠入低谷。她没有想到，中国作协党组书记

❶ 作者借外联部陈主任的阐述表现了炳华同志对下属无微不至的关照，以及发自肺腑、真心地为下属考量。

❷ 作为中国作家协会的党组书记，能从这么小的细节来关心作家，怎能不令人感动？！这样的领导怎么会不受到群众的热烈拥护！

竟以这样一种方式，为她送来了"娘家人"的温暖。

炳华同志非常关注作家的创作。他曾经告诉我，在中央党校学习时，有一次到西单图书大厦，发现了作家张平的长篇小说《抉择》，买回后连夜通读，感奋不已，马上推荐给上海有关部门拍成了电影，成为轰动一时的反腐教材。说起这则往事，炳华同志微微一笑，那笑容像春天的涟漪，在他的脸上轻轻漾开。

①2008 年 12 月，我正在外地出差，忽然接到作协办公厅通知，务必回京参加重要会议。我听了，心里像长出一蓬草，在瑟瑟的秋风中抖动，有些失落，更多的是伤感：炳华同志要卸任了。很多事情，我们一开始就知道结局，可是只有经过之后才会发现路的两旁生长着那么多美好。那次的会议很庄重，中央对炳华同志任职期间的工作给予了高度评价，炳华同志的致辞也充满感情，铁凝主席讲话时声音已有些哽咽，会场一片肃然，能感觉出许多人对炳华同志的不舍。下午，我和副主编秦万里一起去看望炳华同志，感谢他对《小说选刊》的关心和爱护。见到我俩，他微笑着站起身，目光依然是那么明澈、真诚；话语依然是那样亲切，让人如沐春风。②人这一辈子，会遇到太多的过客。有的相逢一笑，转身即成路人；有的则会温暖你的记忆，在你的心中常驻。不是吗？有一种目光，直到分手时才知道是眷恋；有一种感觉，直到离别时才明白是心痛。

握着炳华同志伸出的手，我的泪水一下子夺眶而出。

❶ 天下没有不散的筵席。作者运用暗喻的修辞手法，刻画了对卸任的炳华同志的依依不舍之情。

❷ 这是作者在回味、总结和炳华同志多年交往之后的人生感悟。作者运用对偶和反问的修辞手法，将对炳华同志的尊敬、感激之情表达得淋漓尽致。

延伸思考

1 作者出访亚洲某国的名额为何会被勾掉?

_____

_____

2. 结合文章，举例说明炳华同志是一个怎样的人?

_____

_____

华丽中的转身

名师导读 ▶

华丽转身，指成功地从一个领域转到另一个领域，也泛指发生巨大而积极的变化。在现实生活中，有的人为了梦想一直在默默耕耘，期待着实现华丽转身的那一刻。有的人为了华丽转身的一刻，甚至付出了一辈子的幸福和一生的代价。所谓凤凰涅槃即是如此。

❶ 文学应以歌颂真善美、给人以心灵的慰藉为使命，报告文学更是应该如此。作者提出了文学使命这个深刻的问题。

① 杨晓升曾以报告文学名噪文坛，这使人们有理由以更为苛刻的目光去审视他的小说——是不是具有太多的生活毛刺而不符合小说的美学形态？其实这不公平，如同面对一位车把式出身的汽车司机，我们总要试图在他行进的过程中听到一声"嘚——驾"的吆喝。

关于报告文学和小说，我在一篇创作谈中有过如下界定：报告文学是一幅写实油画，像罗立中的《父亲》，着力描摹着生活中每一道艰辛的皱纹、每一缕温馨的目光；小说则像写意山水，在追求形似时更在意神似，在意"孤帆一片日边来"的奇绝、"蛙声十里出山泉"的意蕴。① 真实是报告文学的生命，倘若人物与事件虚构，就成了迷途羔羊，离消失不远了。小说恰恰相反，它不拘泥于生活中是否发生，而在意按照生活逻辑和人物命运轨迹有没有可能发生。② 想象和虚构如果是报告文学的天敌，对于小说便是翱翔的双翼。从报告文学变成小说，是从生活现场抵达人性深处的跋涉。

毋庸讳言，报告文学作家转行写小说，很可能写实有余却空灵不足、机位太正而变化较少，这是报告文学的文体限制。可是阅读了杨晓升近年发表的几部中篇小说，证明我的担心是多余的。《日出日落》中的乡村妇女珍珠想把生命像蜡烛一样烧尽，只为奉献给家人一束亲情之光，却终不为乡规礼法所容;《身不由己》中高校青年教师胡文生为人情和面子所累，受家乡民营老板所托，为其获得证监会上市指标而奔走钻营、四处碰壁;《介入》里孝女郭秀英在父亲罹患肝癌后，所表现出来的仁爱慈悲与专横跋扈、身心俱疲与强颜欢笑;《病房》中围绕红包这一线索展现出来的人情冷暖、世道人心;《疤》围绕艳遇邂逅的故事线索，折射出来的精神困境;《天尽头》中一对失独中年夫妇悲惨命运的描摹，都具有鲜明的层次感，像一幅幅饱满的山水画。③ 作家注意从不同的视角去把握人物的内心变化和命运轨迹，透过生活的表层去抵达人性的深处，语言鲜活、准确、内敛;意向空灵、丰盈、厚重，叙述也不动声色却暗流涌动。于荒诞中见心酸，幽默中含泪水，平和中有真情，悲愤里是批判，与报告文学

❶ 作者运用了类比和比喻的修辞手法，表达了"真实"是报告文学存在的基础。

❷ 报告文学必须真实，而小说允许一定程度的想象和虚构。这两者之间似乎有着难以逾越的鸿沟。

❸ 作者以人性深处的视角去探讨杨晓升小说的写法，以极为中肯的态度给予了令人信服的评价。

逼真写实不同，是完全的小说笔法。

20 世纪 80 年代，是中国思想解放运动的启蒙期。恰逢其时，① 毕业于武汉大学的杨晓升有幸就职于思想解放的重镇——《中国青年》杂志。这本由恽代英、萧楚女为首任主编的刊物，一直以其对人生的深刻洞察和对时代的准确把握而引领社会思潮。晓升报到时，刊物正因为潘晓的一封信引发了"人生的路为什么越走越窄？"的大讨论。作为《中国青年》的记者，杨晓升不满足于一般性的报道，他对采访所得到的素材进一步深度开掘，一篇篇饱含忧患意识、闪烁着思想烛光的报告文学佳作便屡屡见之于报端：② 《失独：中国家庭之痛》《中国科技忧思录》《告警：中国科技的危机与挑战》《拷问中国教育》。这些作品有一个共同点，就是直抵社会病灶，不矫情，不粉饰，充满着一个报告文学作家的忧患意识和悲悯情怀。

这种情怀在杨晓升的小说中得到了明显传承：关注现实，直抵社会生活的病象，通过对笔下人物命运的展示与描摹，传达小说的主旨。比如《病房》中，通过一间病房三个患者的人生际遇，对浸淫于时下生活中的医疗特权进行了有力鞭笞；《疤》表面上似乎是写了一次司空见惯的艳遇，实则解析了富有却平庸的物质生活对人们精神世界的解构与颠覆；《介入》本是医学专用名词，作家却由此营造了一个欺骗的合谋，告诉读者，由孝出发抵达的并不一定就是爱的彼岸；青年教师胡文生在《身不由己》中的屈辱经历，对时下无处不在的关系网的揭示与批判可谓触目惊心；《日

❶ 《中国青年》杂志以其"服务青年成长，推动社会前行"的办刊宗旨成为中国重要的红色刊物。作者用"思想解放的重镇"类比，突出了该刊地位之重要。

❷ 这些报告文学的篇名非常直接地反映了社会的病灶，一下子就抓住了读者的眼球，体现了报告文学作家的责任感、使命感。

出日落》中揭示了乡土文化中家族礼法对人性的泯灭。
①阅读杨晓升的小说，可以清晰地感受到，他的笔触无一不指向在光鲜繁华的生活表面，人们精神层面的贫瘠与缺失。他把社会机体上的病毒，置于文学的显微镜下，通过笔下人物命运的悲欢离合，呈现给我们一种有质感的生活。唐代诗人元稹有这样两句诗："乃悟埃尘心，难状烟霄质。"他说的是画松，作文又何尝不是如此？晓升曾为记者的职业训练，使他更能得心应手地沉入生活的深处。

　　当然，如果杨晓升的小说仅仅做到了展示生活中的缺失并给予了深刻批判，那还不能令我们满意。因为小说不同于报告文学，它特有的美学形态，要求作家必须通过鲜活的人物和逼真的生活场景让读者领悟作品的主旨。②换言之，读者不满足只是置身于具体可感的生活现场，他们还希望随着作家的笔触去感受生活的细微表情；不满足于仅仅观察到社会的病象，还希望透过这种病象去认识产生它的土壤。而这些不是靠作家的阐述，而是靠他笔下的人物和故事向我们传递。人物鲜活、故事生动正是杨晓升小说的两个亮点。他笔下的人物鲜活得几乎让我们触手可及。③无论是为面子所困的胡文生，还是为关系所扰的李建文；无论是为情而失去自我的贾增城，还是因为失独而终日忧心忡忡、最终撒手人寰的刘传孝夫妇；仿佛就生活在我们身边，一点也不遥远。在办公室的楼道里，在医院候诊的长椅上，在小饭馆的酒桌旁，在人声嘈杂的胡同中，几乎随处可见。他们的一颦一笑，在不

❶ 相较于现在的小说，报告文学更以直接叩问现实、直接撞击灵魂的严谨内容而备受青年人的喜爱和尊重。

❷ 对于杨晓升的小说，作者在肯定其观察社会病态、批判现实的价值的同时，委婉指出其存在的不足，而这种不足正是缺乏厚度、深度所致。

❸ 这些鲜活的人物和典型的案例，就在我们的身边。作者通过列举这些人物，表达了对杨晓升小说亮点的高度认同。

经意间牵动着我们的神经。让我们苦着他们的苦，梦着他们的梦，悲伤着他们的悲伤，幸福着他们的幸福。这些年，尽管淡化人物几乎成了一种文学时尚，但我依然固执地认为，小说作为一种造型艺术，塑造具有时代特征的人物是第一位的。这已经被古今中外的文学史反复证明，认为西方现代主义不再注重人物塑造不过是一种误读。人在西方文学中的中心地位并未受到忽略，即便是法国新小说努力使人物淡化、解体，但人物依然存在于小说中。

❶ 人物是小说必不可少的灵魂，而人生活在一定社会背景之中并具有一个时代的特征。通过刻画人物来反映一个时代则是小说的宿命。

① 杨晓升笔下的人物所以鲜活，在于作者很注意赋予小说人物鲜明的性格。典型的人物性格如同一个焦点，可以折射出广阔的社会背景和时代特征。常常是，一个鲜活的文学形象就会把我们带入一个风云际会的时代。诸葛亮、林黛玉、哈姆雷特、堂吉诃德等莫不如是。而能不能写出人物性格的不同侧面，则是对作家艺术功力的综合考量。比如《身不由己》中的胡文生，他的虚荣、天真，因虚荣和天真所受到的愚弄和奚落，以及由此引发的尴尬与无奈对原有平静生活的颠覆，就从不同侧面展示了人物的性格。胡文生因性格而生动；充斥于乡土社会中的人情和面子对人性造成的扭曲，也因此得到了淋漓尽致的体现。

❷ 作者用最简洁的语言，用"过目不忘"一词表达了对杨晓升小说技巧的赞美，以及对杨晓升的敬意。

② 杨晓升的高明之处还在于，他不仅可以用浓墨重彩完成人物性格塑造，还可以用寥寥数笔就让一个人物凸显在我们面前，而且过目不忘。胡文生因为没有完成家乡老板的嘱托，而使视面子为生命的父亲倍感失落。但是父亲听说春节不能回来团圆的儿子寄回

的冬虫夏草和中华烟，是别人有求于儿子办事送的礼品时又兴奋异常。[①] 初一一大早，父亲就叼着中华烟走街串巷到处溜达，逢人便炫耀说："看见没？ 中华烟！别人进贡给我儿子，儿子又从北京寄来孝敬我的。"他哪里知道，这是儿子为了安抚父亲，背着妻子咬牙用自己的薪水买的。由此，我一下子想到了临刑前高喊"二十年后又是一条好汉"的阿Q。着墨不多的父亲，不是明显传承着几千年来流淌在中国农民血脉中的因子吗？

[②] 故事性强是杨晓升中篇小说的另一个亮点。他的小说为什么有那么强的代入感，和看似平静却暗流涌动的情节不无关联。故事应该是小说的基本层面，我一直怀疑那些认为故事性一强艺术就掉档的作家本身就缺乏结构故事的才能。情节淡化的叙事作品中不乏美学价值不菲之作，即便如此，他们也是被小众欣赏。诚如《海浪》的作者伍尔芙所承认的那样，她说乔伊斯和她自己的意识流小说，只是零星的生活札记，无法与托尔斯泰的《战争与和平》相比。相反，具有很强的故事性和史诗品格，为大众所喜闻乐见的经典传世之作却是不胜枚举。

杨晓升具有很强的结构故事才能，这恰恰是报告文学作家先天存在的短板。他善于发现生活表层下的潜流，并在波澜不惊的生活现场编织矛盾冲突，推进情节的发展，直抵人物的内心。你看，《日出日落》展现给我们的潮汕村寨是那么闭塞而贫瘠：淳朴的民风掩盖的是吃人的陋习。也许几百上千年来，生活就是这样一直按它既有的节奏在这个村寨运行。但是作家

❶ 作者运用语言和动作描写将胡文生父亲炫耀的姿态表达得淋漓尽致。

❷ 作者直接指出杨晓升中篇小说的另一亮点是故事性强，并表明故事是小说基础。

① 作者运用对比的修辞手法，将小说和故事的区别清楚地表达出来，体现了较高的文字功底和理论水平。

② 作者用对比的修辞手法，通过珍珠悲惨的命运深刻揭露珍珠死亡背后的祸因。

却通过作品中女主人公珍珠的悲惨命运，编织了一个多么令人荡气回肠的故事。山穷水尽、峰回路转、人情变换、命运无常，这些构成了杨晓升小说情节的基本元素。① 当然，小说有别于故事的关键之处在于，小说不仅注意情节的跌宕起伏、事件发展，更着力于人物命运和内心的描摹和刻画。晓升做到了。他通过珍珠的坎坷命运，深刻地揭示和批判了一种旧文化对人性的蹂躏与践踏。② 珍珠是那么勤劳、弱小、贤惠、与世无争，她逆来顺受，一心想相夫教子，可是天地虽大却没有一个弱女子的容身之地。珍珠之死表面上是缘于人心的冷漠、愚昧和无知，其实揭示的是被封建礼教浸淫多年的乡土文化、俚俗乡规和家族礼法的伪善、邪恶和丧尽天良。作家的叙述平和、内敛却动人心魄，使人不由得想起了鲁迅先生的那段话：凡事总须研究，才会明白。古来时常吃人，我也还记得，可是不甚清楚。我翻开历史一查，这历史没有年代，歪歪斜斜的每页上都写着"仁义道德"几个字。我横竖睡不着，仔细看了半夜，才从字缝里看出字来，满本都写着两个字是"吃人"！

杨晓升的其他几个中篇，《身不由己》《病房》《疤》《天尽头》，也莫不是情节曲折、一波三折，看似水穷处，又见风帆起。

我与晓升的人生有许多重合。都是先写报告文学；后写小说；又同在团中央系统工作过，先后回归文学，他任《北京文学》主编，我任《小说选刊》主编。交往较多却是在我退休以后，晓升不苟言笑，沉稳端庄，其实是一个内心清澈、工作忘我，极富正义感的人。

① 他的报告文学以重大事件和社会问题为题材，这在20世纪80年代报告文学创作中是一种通行的模式：全景式俯瞰、哲思式议论。这种写法很适合表现重大的社会题材，却是小说写作的大忌。小说要求切入的角度越小越好，要求通过人物的命运来折射时代的发展与社会变迁。一般而言，报告文学作家向小说家转型是有难度的。那么，晓升凭什么完成了这样华丽的转身，双峰并峙，既是一名优秀的报告文学作家同时又成为一名优秀的小说家呢？老舍先生曾经这样给出过成为一个好作家的条件：哲人的智慧，加上孩子的天真。哲人的智慧自不必说了，而孩子的天真大约是指一个文学写作者应该具有的情怀与真诚吧？晓升这两条都具备了，这使我们有底气为今天的晓升点赞；同时也对他的明天满怀期待。

❶ 作者再次运用对比的修辞手法，从视角、思考方式对报告文学与小说的区别进行分析，高度赞扬了杨晓升华丽转身的不易。

延伸思考

1. 报告文学创作和小说创作的侧重点分别是什么？

_____

_____

2. 杨晓升的小说有何特点？

_____

_____

3. 报告文学与小说的模式或切入角度分别是什么？

_____

_____

庄市河随想

名师导读 ▶

庄市镇位于浙江省宁波市的西北部，是一个小镇。这里沟渠纵横，河网密布，土地肥沃，自古以来就有"文化之地，商贾之乡"的美誉。此地特别重视教育，先后出了七位院士。请阅读本文，一起来了解这个奇特的小镇。

❶ 作者运用比喻、通感的修辞手法，将庄市镇的美丽、妖娆、明媚刻画得淋漓尽致。

智者乐水。我不是智者，对水却也情有独钟。[①] 但凡一个去处，只要有了盈盈一泓碧水，即便偏僻贫瘠，也就觉得有了灵性。所以一脚踏进庄市，看到如绿色缎带一般的庄市河沿古朴的老街流过，心境顿时如微雨中的江南一样，温柔蕴藉起来。

庄市非市，不过是宁波近郊一处千年古镇，归镇海区管辖。就是这个面积仅20多平方公里，常住人口不过三万人的弹丸之地，竟是"宁波帮"的故里。作为中国近代最有影响力的商帮之一，"宁波帮"曾在中国的近现代史上创造了中国工商业的一百多个第一，诞生了一大批名传遐迩的鸿商巨贾，书写了中国工商业史上的百年辉煌。孙中山曾感叹："凡吾国各埠，莫不有甬人事业，即欧洲各国，亦多甬人足迹。其能力与影响之大，故可首屈一指者也。"① 当年解放军直取江浙时，毛泽东也特别电告前线指挥员要注意保护"宁波帮"大、中、小资本家的房屋财产，以利于他们今后与我党在上海的合作。改革开放后邓小平十分关注宁波的发展，并应已故"船王"包玉刚之邀亲自为宁波大学题写了校名。庄市则依然魅力四射，奇迹迭出。人文领域的名人大师且不去说，仅功勋卓著的共和国两院院士就走出了七位！

徜徉在小镇历经千年的青石板路上，你随便问一位两鬓飘霜的庄市老者："宝地有何奥妙，竟孕育了灿若繁星的才子英杰？"他们都会抬一抬手，堆出一脸菊花般的笑容，用一口好听的吴侬软语回答你："水好呗！"据说，庄市曾有一个大池塘，即便大旱连年，池塘里也水流不枯。原因是池塘里有一条龙，恪尽职守，庇护着庄市风调雨顺，人才辈出。

此时，我就坐在庄市河边的一只石凳上。② 六月的江南烟雨迷蒙，小镇在万千雨丝织成的轻纱薄帐中显得更加柔媚动人：一带碧水，映出岸上若隐若现的水阁、吊楼、旧埠头；半河橹声，摇碎河边错落有致的老房、绿树、红灯笼。天，迷迷蒙蒙，像童年旧日的梦；雨，丝丝缕缕，似少女不了的情。天公巧手，只略施粉黛，就把一个让人心旷神怡的江南小镇鲜灵灵地呈现在我的眼前。此情此景最适合遐想，我不由合上双目，打开沉思的油纸伞，悄悄为小河流逝的往事撑出了一方晴天——

❶ 作者列举了毛泽东、邓小平两位伟人特别关心宁波的案例，生动地诠释了宁波庄市镇的不平凡，引起了读者强烈的兴趣。

❷ 作者运用了比喻的修辞手法，细致刻画了庄市特有的水阁、吊楼等场景，给读者描绘出一幅烟雨蒙蒙的美丽图画。

159

且把时针拨回到清康熙年间。现在的庄市河还是九只呈一字排列的河槽，不知是哪位老辈的庄市人突发奇想，把河槽打通、拓宽而成了庄市河，与西南两端的大河贯通，成了宁波至镇海的主动脉。从此，<u>①奉化、慈溪等地的方头大船，装着白的蘑菇、绿的冬瓜、红的番茄，停靠在庄市河埠头叫卖；汶溪、余姚也有船装着木柴、碗、盆到庄市交易。遇到喜庆日子，扎着绣球、系着红缎的婚船更是河中一道亮丽的风景。半大的小子们，不论熟与不熟，吵闹着在河塘里拦截婚船，身手矫健的俏船娘不散尽托盘中的糖果，婚船便莫想前行。</u>舟楫往来，不仅开阔了庄市人的眼界，为其投身商海做了预热，也为他们即将的远行打开了一条便捷的通道。<u>②自晚清以来，许多庄市人就是摇着乌篷船从庄市河出发，在宁波轮船码头换乘大海轮，走向全国、全世界，开始了坚苦卓绝的淘金岁月，许多人日后成了翻江揽月的工商业界巨擘。</u>铜钯铁板，古调长歌，母子分别时的眼泪，男儿"涉狂澜若通衢，变梦想为现实"的豪情，都如一层层涟漪，融入了日夜流淌的庄市河……

是先有的河槽还是先有的老街，抑或老街与河槽相伴而生？我未曾考证。总之，庄市河开通以后，庄市老街就日渐繁茂起来。河岸上店铺林立，摊贩云集。每日商贩不绝于耳的叫卖声，洗衣女叽叽喳喳的说笑声，加上橹声轻唱，小调低吟，摩肩接踵地挤满了一条河。前些时候，镇海区进行文物普查，依河而建的三百米庄市老街竟有60多处"宁波帮"的遗迹。不是"宁波帮"代表人物，如包玉刚、邵逸夫等人的故居，就是"宁

❶ 通过对庄市河热闹场景的描绘，表明了前辈人的匠心独运与创新创造，为宁波庄市后人留下了绵绵不绝的繁华与财富。

❷ 作者平实的语言里洋溢着对庄市人的敬佩之情。

波帮"发迹后捐建的建筑，如同义医院、叶氏义庄等。说庄市是"宁波帮"的故里，庄市河是"宁波帮"的源头确是实至名归。①倘若把庄市比作一曲华彩的乐章，那么，这条小河注定就是乐章的深情序曲。

　　雾色朦胧，雨下得似乎有些急了，丝丝如弦，串串似曲。黛瓦青砖、草木葳蕤的江南小镇，在雨雾的氤氲下已化作一幅浓淡相宜的山水画、一首空灵飘逸的抒情诗——抬眼望去，人在画中走，诗在水中流。正沉醉，街旁一位卖菜的大嫂笑着招呼了我一声，她见我没带雨具，让我到她摊位的伞下避雨，我摆手婉拒。好心的大嫂只怕细雨打湿了我的衣衫，殊不知，我正想借江南这如诗如画的霏霏细雨洗去从大都市带来的世俗红尘呢。

　　庄市老辈人说的没错，庄市所以人才辈出，是因为水好。被他们笼罩上神奇色彩的池塘我没有寻到，不过，我看到了比池塘更美、更广阔的庄市河。②没有了庄市河，哪里会有日后的百川归海、群星璀璨？其实，庇护庄市人的那条龙也未曾远行，它就蛰伏在离小河一箭之遥的叶氏义庄里。庄市的朋友告诉我，叶氏义庄由"宁波帮"的先驱者叶澄衷在清同治十年（1871年）筹资创办，是当时镇上孩子免费上学的义塾，包玉刚、邵逸夫都是在这所小学里接受的启蒙教育。庄市人重视教育，确信"兴天下之利，莫大于兴学"，他们发迹后最重要的一件事就是反哺乡里，兴办学堂。当幼年的末代皇帝溥仪还在遥远的紫禁城里接受君臣顶礼膜拜的时候，庄市河边的这所小学堂里和他同龄的孩子们，已经在诵读英语、学习数学，用来自西洋

❶ 作者采用比喻的修辞手法，对庄市河进行了深情的吟咏。

❷ 作者采用暗喻的修辞手法，以欲扬先抑的写作手法，设置悬念，吸引读者继续往下阅读。

的望远镜做实验了。童年的包玉刚每天从家乘小船到叶氏义庄读书，闲暇的时候也在这条小河里嬉水玩耍、捕蟹捉虾。那时的他或许没有想到，他的人生将从这条小河启航，进而缔造出一个无与伦比的海上世界。① 不过，晚年的包玉刚先生满怀游子眷恋桑梓的深情荣归故里时，却实实在在想到了教育之于立国兴邦的重要性，慷慨解囊，捐建了今日已闻名遐迩的宁波大学。所以，我说那条龙从未远行——把祖祖辈辈庄市人注重教育的理念比喻成庇护庄市人才辈出的龙，该不会有人责备我牵强附会吧！

　　雨愈发密了，水珠乱溅，一河碎银。一摇橹翁驾一叶小船从我眼前摇过，眼光交汇时冲我友善地一笑。目送他的背影在庄市河中渐渐淡去，我突发联想：当年的叶澄衷、包玉刚、邵逸夫、赵安中们是不是也是这样驾舟远行的呢？只不过，他们除了头上的斗笠和身上的雨披外，带走的一定还有家乡父老的一兜企盼、满仓叮咛！

① 作者列举了"世界船王"包玉刚捐资办学的典型案例，强调了教育对于家国的重要性。

延伸思考

1. 庄市镇兴旺发达的原因有哪些？

_____

_____

2. 为何说"庄市所以人才辈出，是因为水好"？

_____

_____

第四辑

放飞遐想的心

生活真像这杯浓酒，不经三番五次
的提炼呵，就不会这样可口！

——郭小川

【2017—2018 学年河南师大附中九年级（上）期末语文试卷】
阅读下面文字，完成下列小题。（15 分）

路边有个剃头匠

①这位剃头匠，个子不高、50 岁上下，摊位紧邻街心公园的旁门。按说位置不错，可是据我每天散步时观察，他的生意最为清淡，供顾客等候坐的三只小凳子基本上没有派上过用场，甚至还出现过旁边儿的剃头匠借用的情况。我印象中，他最标志性的姿势是，坐在椅子上两脚搭着一只木凳，面无表情，两眼微闭。不过，无论出现什么情况，只要不是狂风突至、暴雨倾盆，他总是以这种姿势耐心地等待顾客光临，直到夜色如一团水墨洇开，一点儿一点儿把他湮没。

②唯一的一次反常，是他急赤白脸地追上了一个老头儿，说，您给我的这五块钱是假钞。老头儿不以为然，说怎么可能，五块钱的票子也造假，犯得上吗？剃头匠怕他不换，晃晃手中的纸币，有点气急败坏，您看看，您看看，多薄！麻烦您给换一张吧，谢谢您了！

③就是那时候，我冒出了一个想法：做他的主顾。我注意观察

过了,这个剃头匠理出的发型虽然传统,但是比较符合我的审美趣味。

④剃头匠讷于言,每次理发你不说话他不言声,偶有问答也是简单地应对。剃完头他会看着镜子里的我问,行吗?我说行,他便解下我的白围裙用手一抖,脸扭向一旁,等着付钱。钱给了,他的嘴角会向上咧一下,似笑非笑,然后把新收的钱和先前收的钱摞在一起数一遍,放进贴身的口袋里。【A】只有这时,他木然的脸上才会露出一丝欣慰的神色。

⑤有一次我找他理发,他不在。旁边的剃头匠告诉我,他去街心公园的大排档吃饭了,如果你不急,就等一会儿;如果急,就由我来。那天下午我正好有一个活动,非去不可,等不及了,就由旁边的剃头匠代劳。

⑥我有一搭无一搭地问:为什么他的生意那么清淡,你的生意这么好?我觉得他手艺也不孬啊。这位剃头匠说,其实这人特别厚道!那天一个老太太剪头,把钱包落下了,他连拉链都没打开,愣是等到晚上八点老太太找回来。

⑦这位兄弟还告诉我,剃头匠有一个儿子,今年高考落榜,正在家里复读。剃头匠要负担儿子复读的费用,还要为儿子的将来做些积累,所以每天来得最早,走得最晚。平时的午饭就是一张烙饼,偶尔吃一碗牛肉面便是改善伙食了。但是他过得并不快乐,因为儿子和他不亲,耻于说老爸是个路边剃头匠,这让他有点失落和伤心。

⑧我听了却心头一动,在对剃头匠寄予同情的同时又顿生敬意。没想到,与世无争的剃头匠有一次险些和客人动了手。那天散步,我目睹了事件发生的全过程:剃头匠干完了一个活儿,解下客人的白围裙,照例用手抖了抖上面的头发茬,然后等着付钱。可是那位客人用手胡噜胡噜头,对着镜子左照右照,脸上渐露愠怒之色,嘿,

嘿，你这给我剃的是什么玩意儿呀，跟狗啃的似的！

⑨剃头匠一脸茫然，他瞅瞅刚刚理完的头，嘟囔一句：这活儿没毛病呀。怎么没毛病呀！客人60来岁，一看就是属于那种爱占小便宜的人。大家前后左右围观评价着那位老兄的脑袋，纷纷摇头：这不是剃得挺好看的吗？有剃头匠的同伴过来调解，说这份活儿就少收点钱。少收点钱就行啦，我这脑袋怎么出门呀？那位老兄佯装不干，以攻为守。剃头匠也不干：他凭什么少给钱呀，我这活儿干得有毛病吗？那位老兄急了：嘿，你还来劲了？说着上前去揪剃头匠的领子，你看看我这鬓角，谁让你去这么短的。这时，围观的人群中一个年轻后生挤出来，横在了两人中间，怒斥一声：你放开手，不准欺负他！这后生我认识。那天散步时突遇暴雨，我和他在一处房檐下避雨，闲聊中知道他老家在河北农村，来北京打些零工，在街心公园的儿童游乐场收门票，一天60元，给家里减轻点负担。想来他是下班经过，路见不平拔刀相助。

⑩那位老兄愣了一下，便问：嘿，你算哪一出儿，管什么闲事？年轻后生双拳紧握、怒目而视：我告诉你，他是我爸爸！

⑪我听了，心头怦然一动，不由看了一眼年轻人身后的剃头匠。只见刚才还沮丧委屈的这位兄弟，【B】脸颊微红，在夕阳的映照下，双眼竟泛起一层泪光。

（有删改）

1.本文以"路边有个剃头匠"为题有何妙处？请简要分析。（2分）

_____

_____

2. "另一个剃头匠"在文中起什么作用？请结合具体内容，从情节和人物两个角度进行分析。（3分）

_____

_____

3. 根据括号内的要求，赏析文中画横线的句子。（6分）

【A】只有这时，他木然的脸上才会露出一丝欣慰的神色。（从词语运用的角度）

_____

_____

【B】脸颊微红，在夕阳的映照下，双眼竟泛起一层泪光。（从人物描写的角度）

_____

_____

4. 前文写剃头匠的儿子"耻于说老爸是个路边剃头匠"，而后文却写他说"我告诉你，他是我爸爸"，小说这样安排却并不矛盾，为什么？（4分）

_____

_____

名师带你读

诗人的白发被风吹起

名师导读 ▶

　　《诗人的白发被风吹起》这篇文章的主人公是徐刚，作者紧紧围绕徐刚在诗坛的自信、旷达、处事泰然、洒脱不羁的态度，讲述了徐刚是如何从一个头发漆黑如墨变成一个白发飘飞的人。让我们一起来看一看吧。

❶ 刚认识徐刚时，他的头发漆黑如墨，没有一根白发，这为下文埋了伏笔。

　　初识徐刚，是 20 世纪 70 年代末。我在中国青年出版社当编辑，徐刚已经是炙手可热[1]的著名诗人了。热到什么程度？ ① 有一次我去他家，身穿灰色圆领衫的徐刚正伏案写作。那时，他已经开始谢顶，但头发依然漆黑如墨，没有一根白发。见我进来，他将笔潇洒地一掷，直起腰一声长吁："完活儿！"有一种"登

[1] 炙手可热：这里是指徐刚那时候的名气十分大。

泰山而小天下"的豪迈。走时，他托我把这首诗送到与单位只一箭之遥的《中国青年报》。① 没想到不几日，这首诗便以小半版的篇幅隆重刊出。这很让我目瞪口呆。在纸媒的黄金时代，作品能登上大报往往会改变一个人的命运。我的同事马未都就是因为中青报刊出了他一个整版的短篇小说《今夜月儿圆》，才由一名青工变身为中国青年出版社的文学编辑。像我等文学青年，能在大报上发出一则"豆腐块"，便神圣得如同一次文学的加冕，而徐刚刊出一首长诗，怎么轻松得像是闲庭信步？

② 徐刚的如日中天，还有两件事可为佐证。

其一，大名鼎鼎的王朝柱早已著作等身，一般人很难入其法眼。当然，他有狂傲的资本。近十几年来，央视的黄金频道几乎一年播出一部由他创作的电视连续剧，获奖无数，声名远播。蒋子龙先生称他是文坛一柱，说没有他，中国当代文学的天空就会塌下一角。③ 当时私下和我聊起徐刚，柱子哥却自嘲说："看看徐刚的文字，咱们都可以搁笔了。"这固然有英雄敬英雄的坦荡与赤诚，但也确实从一个侧面证明了徐刚非同凡响。

其二，某年，徐刚应邀与一众演艺界人士造访白沟。下车后几个脸熟的演员被人群团团围住，而徐刚等几位著名作家、诗人竟被晾在一旁。有人见状为此唏嘘，徐刚点一支香烟，挥两袖清风，厚唇轻启，淡然一笑，曰："白沟本来就是卖便宜货的地方。"其自信、其旷达、其处事泰然、其洒脱不羁，跃然矣！

❶ 徐刚的作品不到几日就被刊登出来，从这可以看出徐刚当时已经是一位十分出名的诗人了。

❷ 过渡段，在文章中有着承上启下的作用。

❸ 徐刚能让大名鼎鼎的王朝柱佩服，进一步表明了徐刚当时已经非常不一般，有真才实学。

❶ 作者在这里有感叹时间飞逝，回首沧桑的意味。

❷ 一个比喻句形象生动地写出了徐刚的多才多艺，同时通过列举爱因斯坦，表明作者的观点：徐刚本质上依然是一位诗人。

❸ 作者在这里巧妙地运用夸张的修辞手法，把诗人的特点描写得淋漓尽致，这也是对诗人高度的赞美。

① 弹指一挥间，30 多年的光阴悄悄从时间的沙漏中流逝。

昔日风生水起的诗人徐刚，渐渐淡出热闹的诗坛；再度走来的徐刚变身成了生态文学作家，甚至被誉为绿色文学的奠基者，近年更是以一部《大森林》斩获鲁迅文学奖。② 不过，笔者很排斥这样的角色定位，在我心中，徐刚纵然有七十二般变化，真身依然是那个手持金箍棒、腾挪天地间的美猴王。比如爱因斯坦，有着极浓厚的学者与诗人气质，他对社会、人生的许多认知深刻于一般的思想者，但他本质上依然是一位伟大的物理学家。徐刚亦然，无论他写了多少其他样式的文学作品，他都是一位诗人。因为，他审视世界的目光和游走大地的脚步，从来没有越出过一个诗人的文化疆界与悲悯情怀。

何为诗人？徐刚这样解读：诗人是贪婪地吮吸着自己民族传统文化的人；诗人是"上不臣天子，下不事诸侯"的人；诗人是可以放纵想象而又亲近大地的人；诗人是"可以兴可以怨"的率真的人；诗人是以接近自然天籁的语言写作的人。③ 依我看，诗人就是对人民、对大地怀有一颗赤子之心的人。那颗心真诚、滚烫、鲜活，无时无刻不在胸腔里呼号、奋争，一张嘴，也许就会从喉咙里跳出，扑进生他养他的大地母亲的怀抱。我猜想，徐刚一定赞同我的观点，他不是就把自己想象为植物、沙丘的同类吗："把我赤裸的头顶埋进荒野，像一处块垒，多一片苍翠。"读了这样令人泪奔的诗句，我们就不难理解，为什么在诗歌创作风生水起的时候，徐刚一头扑进茫茫林海、滚滚江河——他要用一个诗人的赤诚，去审视我们的来路，寻找我们的归途。

几年前的一个画面一直铭刻在脑海中，挥之不去。那是一个残冬的傍晚，我坐在出租车里，看到了正穿过马路的徐刚。① 残阳如血、北风呼啸，天边的群山像是丹青妙手随便涂抹的几笔淡墨；近处的街市如同时间老人没有下完的半局残棋。徐刚的白发被风吹起，像一蓬杂乱的野草，有一种悲壮感。不知为什么，车开过去后，我想起的竟是德国著名诗人荷尔德林的诗句："诗人是酒神的神圣祭司，在漫漫长夜里，他走遍大地。"我突然领悟，徐刚不正是这两句诗的形象注释吗？

时下的社会，物欲横流、纸醉金迷，享乐主义和消费主义像两只狰狞的怪兽，吞噬着大自然赐福人类的山川与河流。据统计，发达国家的一个普通人，预期寿命 80 岁，在目前的生活水平下，一生要消耗掉两亿吨水、两千升汽油、一万吨钢材和一千棵树的木材。② 人口爆炸，地球已经不堪重负、伤痕累累，它就像一条离水的巨鲸，在时间的堤岸上苟延残喘，奄奄一息。愚昧的人类根本不顾及地球的感受，根本听不到它痛苦的呻吟，为了满足感官刺激和口腹之欲，依然我行我素、强取豪夺。而这时的徐刚像一位充满忧患意识的歌者，着一袭青衣，飘满头白发，行走在寒风凛冽的苍天大地之间：《伐木者醒来》《江河并非万古流》《沉沦的国土》《地球传》《大山水》……筋疲力尽的徐刚，以近乎每年一本书的速度向世人呐喊："我们正走在一

❶ 三个比喻句形象生动地描绘了像血一样红的夕阳，像画一样的群山，还有如棋盘一样的街市。这些风景更加衬托出徐刚的白发透露着一种悲壮感。

❷ 作者在这里叙述了地球的现状，如今的地球就好比一条离开水的巨鲸，奄奄一息。这些都是人类无休止地向地球强取豪夺造成的，从中可以看出作者的无奈之情。

条离物质财富越来越近，离江河大地越来越远的不归路上。"① 可是，被五颜六色的霓虹灯装点一新的城堡，望见了诗人孤独的身影吗？沉溺其中的人们，听到了他悲戚的呼号吗？

在友谊的小船说翻就翻的当下，三年不离不散已属罕见。相识徐刚40年，不知道他身上吸引我的东西是什么？才华、气质、真诚和稍纵即逝的冷幽默？仔细一想，是，也不是。才华横溢者不乏宵小之徒，气质绝佳者也有犬儒之辈。那天与徐刚在昆仑饭店品茗[1]，谈起历史与现实、自然与人生，他凝眸远视的目光突然打动了我；准确地说，是目光中流淌的忧郁，它像荷叶上滚动的露珠，清潭中氤氲的水汽，顿时让徐刚变得灵动和明澈。

② 面对白发飘逸的徐刚，我时常会联想起爱因斯坦那幅头发蓬乱的画像。生活在不同时空的两个人确有几分形似：都有一头蓬乱的白发，都有一双探求的目光，面对自然都保持着一种敬仰与谦卑的姿态。爱因斯坦说，我们能有的最美好的经验是神秘的经验，它是坚守在真正艺术和真正科学发源地上的基本感情。谁要是体验不到它，谁要是不再有好奇心和惊讶的感觉，他就无异于行尸走肉，他的眼睛是模糊不清的。而在徐刚的眼中，世界的一切，大到一山一水，小到一枝一叶，都是造物主的神迹。飞禽走兽自不必说，即便是一枝一叶也都是有情感、有生命的血肉同胞。

❶ 作者在这里连用两个疑问句构成悬念，使读者带着问题往下探究，引起思考外，还有承上启下的过渡作用。

❷ 作者在这里运用作比较的写作手法，把徐刚和爱因斯坦进行比较，进一步赞扬了徐刚对大自然怀有的敬仰和谦卑的姿态。

---

[1] 品茗：就是品茶、喝茶的意思。

对自然、对万物、对一切生命的神秘感和敬畏感，是他作品中无时不在的脉动。即便面对一只芦叶船，徐刚都会想，如果不再有承接露水的早晨，它干渴吗？如果不再有白头翁鸟的相伴，它孤独吗？① 他敏感，如轻轻一触碰就会闭合的含羞草，那敏感是诗人感知世界的触角；他真诚，像攀岩而上的牵牛花，那真诚是诗人拥抱世界的胸怀。他更像一位农人，把麦种播到地里后，便牵挂起饱满的麦穗。他希望因为他的牵挂，葡萄架上牵出了葡萄藤，柿子树上挂满了红柿子。这种对自然的谦卑、敬畏与他在俗世的特立独行、狂傲不羁形成一枚硬币的两面，从而使他的文字如同被血泪浸泡过一样，情感饱满、生机盎然。

他目光中时而流露的那一抹忧郁，应该是初心不被世俗理解的孤独。

② 这样的孤独令我心悸，也让我感动。我想起徐刚的两句诗：柔软的水是不可以雕琢的，既不想伟大，也不想玲珑；我还想起了他的另外两句诗：昨天不会永恒，明天也很短暂，只有今天的怯懦会带来终生的遗憾。

徐刚兄，我懂得你的孤独。如果诗歌是文学的皇冠，那么真正的诗人，应该是拯救人类的使者。荷尔德林曾经被世界遗忘了一个世纪，甚至席勒对他的评价也非常吝啬。直到他死后，随着遗作的不断被发现，才成为德国古典浪漫派诗人的先驱，他的诗才被誉为"人类理想的颂歌"。③ 相对于荷尔德林，你还算幸运，毕竟你的作品不会成为遗作，尽管它的价值也许要在很

① 作者在这里运用比喻的修辞，生动形象地赞扬了徐刚的敏感与真诚。

② 作者借徐刚的诗句，明确清晰地写出了徐刚的性格特点。徐刚懂得水的自由，也在乎时间的珍贵。

③ 这是作者对徐刚的安慰，从这里也可以看出作者希望人类能珍惜大自然。

久以后才能够被人们真正认识。

　　徐刚孤独，是因为他深知人类最大的教训，就是永远不能从教训中去汲取教训。鲁迅先生预言："林木伐尽，水泽涸枯，将来的一滴水将和血液同价。"这是先生在1930年向人类发出的警告，时间过去了将近一个世纪，我们生存的自然环境比那时又恶劣了不知多少倍！①成吉思汗西征途中路过鄂尔多斯，曾勒马远眺，天苍苍，野茫茫，风吹草低见牛羊。他被眼前的美景迷住了，手中的马鞭竟然毫无知觉地掉在草地上。一代天骄沉醉良久，动情地嘱咐子孙："我死之后可葬于此。"可是，当年的落鞭之处如今已一片荒漠。鸟飞了，野兽走了，昔日的美景与草原一起飘逝而去。这是徐刚的《大山水》在历史皱褶中找到的细节，我担心，如果将来造物主一抖历史的大氅，这样的细节该不会形成一场沙尘暴吧？

　　徐刚的散文和他的诗与纪实文学一样，充满着对人生和大自然的敬畏。

　　我不想从文章作法上对徐刚的文字加以评论，相对于他作品的厚重，什么样的评论都会失之于轻飘。其实，从他的散文集《八卷·九章》的书名便可见端倪。八卷，江河八卷也；九章，森林九章矣。②徐刚的笔墨依然挥洒在山川河流之上，长天大地之间，或歌，或泣，或咏，或叹，皆心之所想，情之所至，袒露的依然是一位诗人的赤子情怀。时下，以笔为文的多了，以血为文才显得稀罕。徐刚的散文是杜鹃啼血，是羊羔跪乳；他因为山河的破碎而恸哭，因为大地的恩赐

① 作者用事实证明了人类对大自然的肆意掠夺已经把过去美好的生活环境毁坏了。这是作者对人类无知的讨伐，希望能引起大家的注意，为给子孙后代留下一个美好的家园。

② 作者在这里对徐刚的诗句进行了概括性的点评，进一步说明了徐刚的赤子情怀。

而长跪。有了这血与跪，他的诗文便有了魂魄，有了风骨，有了一位真情诗人的愤懑与悲悯，有了凡人所不及的格局与气象。

认识徐刚以来，一直以兄视之，他在虎坊桥的那间小屋我也数次光顾。第一个女朋友还是徐刚牵线，在他家那座青砖小楼前见的面。① 徐刚很看重友情，我乔迁新居，他与韩作荣、柳萌同来暖房，把酒临风的情景恍如昨日。如今作荣、柳萌先后西去，白云苍狗，令人怆然。作荣走后，徐刚对其妻儿关切有加，至今说起挚友的猝然离世仍双眼含泪；柳萌仙逝，他因为得到信息不及时未能参加追悼会，一直嗔怪我没有特别通知到他。柳萌周年祭，我约了几位朋友追忆先生，徐刚谈起柳萌生前对他的帮助，声音几近哽咽。

去年，徐刚的纪实文学《大森林》获"鲁迅文学奖"，闻知我兴奋异常。

我曾担任过几届该奖项的终评委，一直为徐刚没有问鼎而感到遗憾。坦率地说，无论是作品的精神向度还是文学品质，致力于报告文学写作几十年的徐刚不能折桂，都难以令人信服。② 我知道，徐刚对获奖一向漠然，他早已看破红尘，超然于风云诡谲的名利场之外，但我仍抑制不住心中的喜悦，打电话向他表示祝贺。因为，这必定会使诗人徐刚和以他为标志的生态文学走进社会的视野，从而引发人们对地球母亲的凝视与感恩。

③ 哪怕是向遍体鳞伤的大地回眸一眼，也十倍重要于奖项的获得！

❶ 这里主要讲述徐刚对待朋友很讲情义，就连朋友的家人也很是照顾，是一个懂得感恩的人。

❷ 作者对徐刚能有一定的成就表示祝贺，他从内心替朋友高兴。

❸ 文章最后点明了徐刚的志向，他在乎的不是荣誉奖项，而是一直不曾放弃地告诫人类珍惜大自然的心。

延伸思考

1. 昨天不会永恒，明天也很短暂，只有今天的怯懦会带来终生的遗憾。这句话是什么意思？

_____

_____

2. 这篇文章所讲的人类最大的教训是什么？

_____

_____

3. 作者是如何评价徐刚的文章作法的？

_____

_____

荷花吟

名师导读

　　荷花，是中国的十大名花之一。古人多有赞颂，如"接天莲叶无穷碧，映日荷花别样红"，赞颂了荷花之美。荷花又名"水芙蓉""莲花"，具有"中通外直，不蔓不枝，出淤泥而不染，濯清涟而不妖"的高尚品格，几千年来一直备受世人的称赞，越南和印度将荷花定为国花。

　　我素来不大关注花事，唯荷花算是例外。

　　①幼时，最惬意的精神生活莫过于看连环画了，对于我最富有诱惑力的，要算是那些神奇鬼怪的故事。看得久了，不由生出一个疑问：那慈眉善目的胖女人，为什么总爱端坐在一朵洁白无瑕的莲花上呢？可巧，我的父亲是个宗教学的研究工作者，他笑着告诉我：佛教的创始人释迦牟尼一生下来就会走路，他走过的每一个脚印便都生出一朵莲花。于是，莲花在佛教中就成了清净节欲和富有智慧的象征。那胖女人便是大

❶ 设疑激趣，是习作者惯常使用的写作手法之一。作者通过运用反问的修辞手法，开门见山，抓住了读者的好奇心，文章也因此变得生动起来。

智大勇、普度众生的观世音菩萨；想来，只有荷花配做她的座椅了。

不承想，一朵小花，竟有这般的"灵性"。

年事渐长，我读到不少吟咏荷花的诗："灼灼荷花瑞，^①亭亭出水中"描摹了它的身姿；"萱草含丹粉，荷花抱绿房"赞美了它的秀色；一篇《爱莲说》更是把荷花写得品格高雅，气度不俗。历代的文人骚客不仅为莲挥毫泼墨，许多人还以莲花自比。屈原要"集芙蓉以为裳"自不必说了；清人方婉仪爱莲至极，自号"白莲居士"尚嫌不足，甚至把自己的生日改在六月二十四日的观莲节，并作诗曰："清清不染淤泥水，我与荷花同日生。"

然而，不知为什么，人们赞誉许多的东西，我却总爱打个问号。我觉得，这莲花虽高雅秀丽，但缺少松柏的顽强、谷稷的实惠，人们本不必为它献上这许多的丽词艳赋。

一日，友人来访，拿出一张报纸，那上面登了一则消息，说是今年北海公园的莲花开得极盛，劝人们莫要错过观赏良机。我看了，颇不以为然，便说了上述的想法。友人笑而未答，只邀我翌日同去赏荷。

来到北海，我们拣花盛的地方找一块干净的石头坐下，举目望去：^②粉荷垂露，盈盈欲滴；白花带珠，皎皎无瑕。绽蕾怒放的，嫩蕊摇黄；芳唇轻启的，娇羞欲语。那一片片的荷叶或浮或立，密密层层，如碧玉盘托浮于水面。我随口吟出两句古诗："荷叶团团擎翠盖，莲花灼灼斗红妆。"

❶ 作者引用诗句和《爱莲说》不仅赞美了荷花本身，而且赞颂了荷花高雅不凡、清丽脱俗的品格。

❷ 作者运用拟人的修辞，以细腻的笔触将荷花的姿态刻画得生动形象，将内心对荷花的喜爱之情表达得淋漓尽致。

友人一笑，道："可惜有人只觉得它高雅秀丽，却不知它风骨顽强，颇具献身精神哩。正所谓：'馨香越格无人荐，又逐熏风过野塘。'"

他告诉我，莲花属于睡莲科多年生草本植物，说起生命力的顽强，颇值得称道。可可、甘蔗的种子，离开母体后最多能活十几天；白杨和柳树的种子，也不过能活八个星期。然而，一粒在地下沉睡了千年的古莲子，只消在莲子两端各钳去一至二毫米，给足水分和一定的温度，三天后便会抽出嫩绿的胚芽；若重新种植，依旧可以开花结果。

这时，天空忽然滚过一阵闷雷。接着，豆大的雨点便"噼里啪啦"地落下来，雨势甚猛。我随友人到湖边的小亭避雨，禁不住为满湖的荷花担心。友人看出了我的心思，说："不打紧，雨来得巧，正好让你见识荷花的风骨。"

① 说话间，大雨如注。暴怒的天公，挥动着无数条长长的雨鞭，抽打着荷花的叶片，发出一片"咚咚"的声响，像擂响千百面战鼓，时急时缓，时松时骤。

我暗自叫苦，这满湖荷花即便不被雷雨击倒，也必定是花残叶败，七零八落了。

暴雨将息，纤细的雨丝还在空中划出一条条时隐时现的线，我们便赶到了湖边。呵，② 一朵朵荷花紧紧依偎着团团碧绿的叶，昂然挺立，面无惧色，像是威武不屈的勇士，经过暴雨的洗礼，更显其清秀、雅洁、可爱了。友人见我看得如痴如醉，笑着说："怎么样？其实，这荷花不但风骨顽强，还颇具献身精神呢！"

① 在作者眼里，荷花娇弱，盈盈欲滴，根本禁不住大自然的狂风暴雨！作者运用比拟的修辞手法，刻画了暴雨的战力，实际上也在验证作者的心理。

② 经过暴雨的洗礼，荷花非但没有被摧毁，而且更加雅洁、可爱，凸显了荷花也具有同松树一般的傲人风骨。

东风市场小吃部的莲子粥我是吃过的。盛夏时节，也曾用糖拌藕片招待过远道造访的客人。不过，人们奉荷以清水、池塘，荷本该有所回报的。单凭这些许果实，称得起"颇具"二字吗？

友人笑我只知荷花果实可食，而不知藕节、莲子、莲薏、莲房、花蒂、莲须等皆可入药。据说，华山顶上有一池，生有千叶荷花，吃了便可成仙。① 《太清诸草木方》也有这样的记载："七月七日采莲花七分，八月八日采莲根八分，九月九日采莲实九分，阴干后放置在竹制的容器中，服上一勺，便可令人不老。"这虽被涂上了神秘色彩，但也从侧面说明了荷花的药用价值。就连那静谧地躺在水面上的荷叶，其功用也并非只是"留得残荷听雨声"。夏季里，用干菊花、薄荷煎水代茶，不仅去暑生津，还能助人文思。荷花就是这样，通身上下皆无弃物。无怪乎诗人们叹曰"落残数柄荷花蕊，浸得一瓶泉水香"了。

一阵荷风沁凉如水，拂去了我心头误解的云。

呵，这就是荷花。② 它"濯清涟而不妖""出淤泥而不染"，风度高雅，但毫无哗众取宠之心；秀丽端庄，却没有矫揉造作之态。于朴实里见俊逸，在持重中显风骨。盛夏时节，以幽幽清香、窈窕身姿给人以美的享受；风刮不倒，雨摧不毁，傲然挺立，器宇轩昂，又赢来了"花中君子"的美誉。秋风萧瑟，又尽其所有，把自己的一切毫无保留地奉献给了人们，只留一簇根柄，在水底默默地积蓄，待来年重新奉献心中的赤诚。③ 我想，昙花妖娆，却失之于娇贵；秋菊清香，只徒

❶ 荷花具有清肝解毒、延年益寿的功效。作者列举了《太清诸草木方》的案例，为荷花对人类的贡献提供了重要的佐证。

❷ 作者引用周敦颐《爱莲说》里的名句，发自肺腑地赞美了荷花的质朴、秀丽、顽强。这正是人类所要大力弘扬的精神。

❸ 作者运用对比的修辞方法，将荷花与秋菊、水仙、云竹进行对比，从品格、性情、精神等几方面讴歌了荷花，令人深受启发。

供人们观赏；水仙淡雅，可惜寿命太短；云竹秀丽，然无果实奉献。而荷花呢，集高洁、顽强、牺牲精神于一身，给予了人们多少启迪呵！

延伸思考

1. 经过狂风暴雨摧残后的荷花形态如何？

_____

_____

2. 荷花具有哪些崇高的品格？

_____

_____

领悟悲壮

名师导读 ▶

悲壮的意思是悲哀而雄壮，也指悲痛而壮烈。如革命志士林觉民《与妻书》的"意映卿卿如晤，吾今以此书与汝永别矣"显示了为了革命、为了人民的幸福而甘愿舍弃小家为大家的慷慨悲壮。这样的例子还有谭嗣同、邓世昌、孙中山、毛泽东等伟大人物。那么本文作者想要体会领悟的是哪一种悲壮呢？请阅读本文。

披两肩月色，裹十里秋风，我去领悟悲壮。

出东直门，进北小街，行不多远便是北京东城炮局胡同 21 号——昔日的国民党陆军监狱。1934 年，一个秋风瑟瑟的下午，身披黑色斗篷的吉鸿昌将军就是从这里缓步走出，泰然自若，从容赴死。

① 还有什么比生命更值得留恋的吗？佛陀从地上抓起一把土，问弟子："我手中的土多，还是地上的土多呢？"弟子的回答当然不言而喻。于是佛陀很感慨

① 作者以平实质朴的语言讲述了佛陀与弟子的对话，向世界揭示生命珍贵的道理，引起读者思想上的共鸣。

地说："放眼尘世，人山人海，而获得人身的概率却微乎其微，如同我的手从地上抓起一把土。"

然而，面对死亡，吉鸿昌将军却是那样坦然。

与他一起就义的反蒋义士任应岐忽然抢上一步，从身后对他说："我死了倒没有什么，你死了太可惜了，国家正用得着你啊！"① 吉鸿昌将军回过头，见任应岐满面泪痕，就皱起眉头，安慰他说："在这时候，你这是干什么？别让他们小看了咱们！"随后冲行刑的特务说道："这样吧，让他先走一步，我送送他。"

任应岐擦了擦眼泪，踉跄着走到了吉鸿昌将军前面，冷不防一声枪响，他扑身倒地，血从后脑流出来，洇红了身下的土地。吉鸿昌将军见状，面不改色，冲特务招招手，泰然发话："这样死可不行，我为抗日而死，光明正大，不能跪下挨枪，我死了也不能倒下！"遂命，"给我搬张椅子来！"当将军安坐椅中，那个行刑的特务悄悄绕到他身后时，② 将军把手一挥，回头正色对特务道："我为抗日而死，一生行为光明磊落，不能在背后挨枪。"那特务闻言，竟禁不住浑身战栗，颤声问道："那您说怎么办？"将军昂首望一眼布满阴霾的天空，厉声喝令："你在我眼前开枪。我要亲眼看着你们怎样打死我！"

慷慨赴死，古往今来，不乏动人心魄的故事。屈原投江，荆轲刺秦，岳武穆饮恨风波亭，谭嗣同喋血菜市口……然而，最令我动容的当数将军的死！

将军其实太留恋这个充满苦难的世界了。

18 岁投军，镇压白朗起义，参与北京政变，持戈

① 作者运用反问和祈使句式，通过语言描写刻画了吉鸿昌将军大义凛然的悲壮。

② 面对行刑的特务，倒地的战友，吉鸿昌将军毫不退缩。作者通过动作描写、语言描写、神态描写表现了将军的大无畏精神。

军阀混战，进攻鄂豫皖苏区，凡 18 年，将军在黑暗中苦斗，在郁闷中徘徊，直到与军中的共产党人取得联系，才真正找到了救国救民的真理。至此，①他宣讲抗日真理，策动旧部起义，筹组民众抗日同盟军，一战而克保县，再战收复宝昌、沽源，三战又下多论，从一个旧军人很快成长为一名自觉的共产主义战士。正当他高举义旗，驰骋在驱逐日寇的沙场上时，却因弹尽粮绝、伤亡惨重，陷入日、蒋重围。为保留下抗日火种，经北平慈善团体斡旋，他与战友方振武将军一起离开部队，为国民党 22 军所囚。

②将军实在不愿意就此死在国民党的刀下。上下求索，他才刚刚开始有意义的人生；日寇肆虐，他还有多少未竟的愿望。所以，在被解往国民党北平军分会的途中只身逃出，潜回天津，继续进行抗日反蒋活动；所以，他因从事革命活动被国民党特务在天津法租界刺伤，又一次落入国民党政府之手时，以手指做笔，以大地为纸，满怀愤懑与遗憾的心情在刑场上写下了令人荡气回肠的绝命诗：

> 恨不抗日死，
> 留作今日羞。
> 国破尚如此，
> 我何惜此头！

何为悲壮？壮志未酬，欲生而不能，乃为悲；献身主义，就死却从容，是为壮。

❶ 作者用平实的语言，以真挚的情感和生动的笔触，对吉鸿昌将军的成长历程予以高度的评价，令人动容。

❷ 作者借助吉鸿昌将军的感人事迹给予了读者深刻的答案。

① 悲壮是一道风景，但不是小桥流水、风花雪月，而是大漠孤烟、长河落日。它使人的心弦在荒寂中受到震撼，使人的情怀在残缺中得以升华。

悲壮又是一种力量，但不是球场竞技、拳坛角逐，而是心灵挟带的一阵疾风，灵魂孕育的一声惊雷。它令一切卑琐在它面前颤抖，令一切苟且在它面前逃遁。

雨果说："无论什么都不能从世界编年史上抹去用剑刻下的英名。"

② 那么，以悲壮做巨笔，在一个民族的心扉上刻下的英名呢？

——他将不朽！

❶ 作者运用比拟的修辞手法，通过四个意象的对比，让悲壮的含义在情怀之中得到诠释。

❷ 作者运用比喻、和设问的句式，书写了对吉鸿昌将军生命悲壮的赞歌！

延伸思考

1. 吉鸿昌将军为何执意要求"坐在椅子上迎枪而死"？

_____

_____

2. 作者为何选择吉鸿昌将军的案例来说明"悲壮"的内涵？

_____

_____

3. 请列举慷慨赴死的三位中国历史英雄及事件。

_____

_____

185

花儿在春天绽放

名师导读 ▶

　　花儿在春天绽放，漫山遍野，姹紫嫣红，令人心旷神怡。那么就体育而言，中国在 20 世纪初曾被称为"东亚病夫"，这是中华民族的耻辱。经过一百多年的努力，中国已经强大起来了。请阅读散文《花儿在春天绽放》。

❶ 作者运用了拟人的修辞手法，以抒情的语言表达春天即将来到。

❷ 作者引用诗句，运用拟人的修辞手法，突出描绘了早春秀美、烂漫的景色。

①今年的春天脚步勤，残冬的最后一场积雪还没有融化殆尽，春姑娘就在赶来的路上了。

"远天归雁拂云飞，近水游鱼迸冰出。"今天立春，北斗七星的斗柄指向寅时，为立春节点。立，开始之意；春，代表着温暖与生长。立春一到，万物复苏，春姑娘的面纱正被微风掀去，她俊俏的容颜是任谁也遮挡不住了。你看，"不知细叶谁裁出，二月春风似剪刀"。她的手何等灵巧，盈盈一握，便把一岸垂柳梳理得分外妖娆；②其实不光手巧，春姑娘的胸襟也异常开阔，"日出江花红胜火，春来江水绿如蓝"，太阳从江面冉冉升起，一江碧绿胜过蓝草，多壮观的早春景致！难怪英国诗人雪莱由衷感叹："春天从这美丽的花园里走来，就像那爱的精灵无所不在。"每一种花草都在大地黝黑的胸膛上，从冬眠的美梦里苏醒。

春天总是和创造与生长联在一起，正如海涅所言："春天的特色只有在冬天才能认清，在火炉背后才能吟出最好的五月诗篇。"没有冬天的积蓄，哪有春天的萌发；没有冰雪的消融，哪有江河的奔涌？① 从这个意义上说，春天是画家泼洒在宣纸上的山水写意，春天是诗人胸腔中迸发出的深情共鸣，春天是咏者献给大地的嘹亮歌声，春天是老师传递给孩子的欢声笑语。走进春天，就是走进汗水与付出；走进春天，就是走进成熟与希望；走进春天，就是走进憧憬与梦想；走进春天，就是走进明天与辉煌。

今年的春天脚步勤，因为立春这天有一朵最美的花儿尽先绽放。

"啊，体育，天神的欢娱，生命的动力。你猝然降临在灰蒙蒙的林间空地，让受难者激动不已。你是容光焕发的使者，向暮年人微笑致意。你像高山之巅出现的晨曦，照亮了昏暗的大地……"这是现代奥林匹克之父顾拜旦在《体育颂》中充满激情的咏叹。体育运动所蕴含的勃勃生机和春天带来的万物生长，是多么契合。② 如果说奥林匹克是一艘"诺亚方舟"，沐浴着体育精神之光，满载着人类追求幸福与美好的愿景，那么，春天不是也带给我们同样的鼓舞和希望吗？

公元前 776 年，雄才大略的秦襄公迁都汧邑，一

① 经历过水瘦山寒的冬天，春天的美蓬蓬勃勃地展现出来了。作者运用排比的修辞手法，将对春天的赞美发挥到了极致！

② 作者采用虚拟语气的写法，以反问的手法，从另一个视角充分肯定了体育给人类带来的鼓舞和希望。

时，鼓号齐鸣、旌旗飞舞；当他为迁都而喜悦时，地球另一端的希腊，也在伊利斯城邦的奥林匹亚小镇举办了一场同样可以载入史册的盛会。只有三个城邦国参加和一个比赛项目的第一届古代奥运会决出了名次，黄头发、蓝眼睛的伊利斯人克洛伊波斯获得了 192.27 米场地跑冠军。① 那时候没有纯金制作的奖牌，冠军的桂冠是一顶用月桂、野橄榄和棕榈编织成的花环，虽然材质低廉，却无比珍贵，因为它是第一个为祈祷人类幸福与和平而制作的花环。没有盛大的颁奖仪式，没有如潮涌动的人群，甚至没有鼓号和彩旗，但是当组织者把冠军的桂冠轻轻戴在克洛伊波斯头上时，历史为之肃穆。那时的希腊有许多城邦国家，他们之间不断发生战争，而这一天，希腊境内正在交战的敌对方都放下了武器，向着赛场方向致敬。② 祭神的体育竞技，演变为呼唤和平与友谊的体育运动。克洛伊波斯死后，被安葬在伊利斯和希腊之间，他的墓碑成为这两个强大城邦的界石，以此象征永久的和平。和平与友谊也就成了奥运会所崇尚的体育精神。

五个环环相扣的圆圈，代表世界五大洲。顾拜旦为现代奥林匹克运动设计的这个标志和第一顶古代奥运桂冠有着异曲同工之妙。它像一只美丽的花环，生机盎然，把世界人民渴望和平与友谊的心愿紧紧连接在一起。

北京是奥运历史上唯一一个举办过夏冬两季奥运会的现代都市，作为生于斯长于斯的北京土著，我为北京自豪。1932 年那个酷热难耐的夏天，刘长春独身

❶ 第一届古代奥林匹克运动会的金牌，象征和平、美好、幸福的花环，是多么的质朴、纯净，令人神往。

❷ 丑陋的战争，凶残的死亡，数万年来从没有在地球上消失过。希望奥运会能带给苦难的人们以真正的和平与幸福。

一人远渡重洋，代表积贫积弱的中国参加在洛杉矶举办的第10届现代奥运会时，①可曾想到90年后，中国在壬寅年立春这一天，又一次在北京的鸟巢点燃了奥运圣火？百年梦想，历经风霜雪雨的磨炼终于如愿以偿；百年守望，经过几代人的努力终于凯歌奏响。

❶ 作者以抒情的笔触、反问的修辞手法，赞颂了伟大而和平的中国。

今年冬奥会的口号是：一切向未来。

这令我怦然心动。如果未来是蓝天，我们就做一颗天上的星星吧。把光流注入未来的晨曦之中，让美好的明天引领我们前行的脚步。当年，刘长春以柔弱之肩，一个人扛起整个民族的托付时，一定对未来满怀希望。他知道身后站着的是一个不屈的民族，是四万万永不言败的同胞，所以他孤独求败，虽败犹荣，成为现代奥运史上一尊石质的雕像，为人们铭记。

②立春，是二十四节气之首，是面向未来的起点。春种一粒粟，秋收万颗子；第24届冬奥会在立春这一天举办，无疑承载着我们的美好企盼。大地上我们播下谷稷的种子，冬奥会我们播下和平与友谊的种子，谁能在这个春天里得到滋润，谁就会在秋天收获丰硕的果实。个人如此，国家亦如是。

❷ 以简洁明确的语言对奥运会的功能、职责寄予了厚望。

③我们开始聆听种子破土的声音，我们由衷期待：花儿在春风里绽放。

❸ 结尾处升华文章主题，与标题相呼应。

延伸思考

1. 作者在文中多次引用名家名言有何用意？

_____

_____

2. "花儿在春天绽放"有何含义？

_____

_____

他拥有璀璨的星空

名师导读

　　夜晚，天空布满繁星。星星点点，闪闪烁烁，充满了希望和神秘。在这样一个看不到尽头的星河里，蕴藏着无限的可能。当我们为了眼前的工作、学习、生活紧张忙碌到筋疲力尽的时候，不妨抬头仰望星空，思考宇宙的规律和人生的风云际会，找到推动自己前行的那一股神秘力量。请阅读散文《他拥有璀璨的星空》。

---

　　①小平君挺"葛"的。在老北京的语境中，"葛"就是各色。比如，朋友小聚，倘有生客或他不屑的人在，小平君连眼皮也懒得抬一下，全程缄默无语，绝不会主动上前敬酒寒暄。同在京城文化圈，互知姓名，退休前我N次和他相遇于饭局，至多相互对视一眼，基本不过话。无疑，那时我已被小平君归入"懒得搭理"一族。后来造化弄人，成了彼此欣赏的挚友，他并不

❶ 作者列举了小平君的案例，解释了"葛"在朋友圈的独特含义。

讳言当年对我的不屑："饭桌上你高谈阔论，顾盼自雄，就显你能了，懒得搭理。"

小平君的"各色"，还有 N 例可为佐证。

其一，20 世纪 90 年代初，冯骥才在中国美术馆举办画展，小平君作为记者参加新闻发布会，听到专家们将骥才先生的画誉为"新文人画"，很是不以为然。不以为然就不以为然吧，不言声，也没人会拿你当哑巴卖了，这样的情境本是时下社会的一种常态。① 可是，小平君不，他双目生辉、浑身躁动，跃跃做发言状。同行用眼色制止他，朋友用手拉扯他，怕他出言无忌，冒犯大咖。小平君的"各色"劲儿上来了，在众目睽睽之下悠然起身，接过话筒，捋一捋当时还漆黑如墨的头发，坦言大冯的画并不符合文人画特征。一时，气氛沉寂。

其二，《中国艺术报》创刊，小平君参与其事。为扩大影响，报社领导交代他一项任务，邀约名家出上联，征求读者对下联。顺便说一句，在我的朋友中，很少有人如小平君结交了那么多各界名流，而又最忌讳挟名人以自重。凭借他独特的人脉资源，张中行、吴祖光、范曾、冯骥才分别写来，只有宗璞先生不允，三顾不到，一般人会知难而退。② 小平君的"各色"劲儿又上来了，好花十朵，岂能独缺一枝？于是先以其外祖父曾被冯友兰先生举荐，可劲儿"套磁"，又坦言此举的良苦用心与社会意义，终使先生心动。

再举一例。诗人顾城是重要的文学符号，激流岛

① 作者对小平君进行神态描写，刻画出他清高自傲、绝不逢迎拍马的个性。

② 作者通过反问的修辞手法，以平实的语言进行叙述，表达出小平君不达目的不罢休的顽强精神。

杀妻已是当代文学史的惨痛记忆。小平君却认为此事另有蹊跷，谢烨并非顾城所杀。他与顾城早年同在西城区文化馆创作组，与谢父亦是忘年交，顾城的父亲顾工也与他多有过从。掌握了不少第一手资料的小平君绝非言出无据，无奈社会上众口一词，他的观点连个浪花也没有溅起。小平君不予理睬，著书《我所认识的顾城与谢烨》，坚持自己的立论。他不在意别人怎么说，固守自己怎么看。"不然，你的生活会如柳絮逐风。"小平君如是说。

① 才子容易"各色"。桀骜不驯的谢灵运就曾口出狂言："天下才共一石，曹子建独得八斗，我得一斗，自古及今共用一斗。"小平君虽然没有如此睥睨天下，但确如一座正在采掘中的金矿，时不时会令你惊诧。② 我印象中，他不苟言笑，有点与世无争，有点随遇而安，有点老派文人的韵味。夏天，一件白色衬衫配一条深色长裤；秋冬，一件旧式夹克搭一条驼色围巾，很有点儿民国文人范儿。偶尔穿一件灰色或浅蓝色T恤，戴一顶白色迪桑特运动帽，也全无时尚老年引领时代潮流的精气神儿。熟了，我和他开玩笑，说他是继汪曾祺先生之后的最后一位士大夫文人。小平君闻言，急急摆手做谦辞状，嘴一咧，绽开难得一见的笑容："岂敢、岂敢，谬赞。"其实，我这样说也并非全是谵言，他的国学功底真是可以甩不少同辈作家几条街。这几年，我每写文化散文，落笔前常常就某一知识点向小平君请教，古今中外、经史子集，琴棋书画、天文地

❶ 作者引用谢灵运的名言并借此引出对小平君个性的分析，引起下文。

❷ 不是他不苟言笑，而是这个世界没有值得他高兴的笑点。作者用外貌描写将小平君的装束呈现了出来，反映了他不平凡的内心世界。

❶ 作者借老人的"惊叹不已"间接夸赞小平君所写的格律诗文无懈可击。

理，他一律秒回，似乎没有他不知晓的人或事。李滨声老人是著名的漫画家，对古诗词也颇有研究，小时候上私塾即有涉猎，是童子功。<u>①看了小平君的格律诗，老人惊叹不已，因为格律诗讲究用典、平仄，需要深厚的学养。而小平君的一首诗，八句用了八个典故，且全都贴切、适合，平仄更是无懈可击。</u>李国文先生在老一代作家中学养丰厚，晚年的随笔已臻化境。他认为写作是一个广志博文，积累丰硕的过程。而小平君的诗文，文中有诗，诗外有文，无论五言七绝，长诗小令，都能使人耳目一新。<u>②陈世旭是文坛常青树，</u>

❷ 作者借助于文坛常青树陈世旭先生之口，对小平君进行称赞，来得可亲、可信，更能打动人心。

<u>公认的才子，一般人很难入其法眼，也由衷称赞小平君是"学者文章诗家笔"，甚至"几番动念拜师，终因为自知愚钝且学养过浅而作罢"。</u>中国人民大学教授、史学专家、著名学者毛佩琦先生在读过小平君的历史人物随笔集《像蜀锦一样绚烂》后，认为其中每句话皆有来历，绝无无根之谈。这评价是极高了，浅薄如我辈者，终其一生怕也难以企及。

端得了得，小平君！

不过，倘据此得出结论，说此公恃才傲物、薄情寡义，则大谬。我与之相识近四十载，在我的高光时期，几乎没有交往，退休后才逐渐成为挚友。<u>③起因是，我用文言文写成一篇怀人文，我很看重，因为写的是接我当兵的分部文化干事，是我人生道路上的重要引路人。可是费时日久，却难觅栖身之所。作家华静热心，问了小平君。小平君当即允诺，可以在他主</u>

❸ 小平君虽然才高八斗，学富五车，声望日隆，不苟言笑，但有一颗助人为乐的心。作者列举此例，佐证了小平君热情的品性。

持的《海内与海外》杂志刊出。由此，我们的"邦交"开始正常化。后来，我又写了一篇近四万字的历史文化散文，以晚清政治为主题。小平君是这方面的专家，著述甚丰，在动笔前后我多次征询他的意见，并请他斧正过拙文。得知尚无刊物接受，他又主动提出在该刊连载。小平君知道我敝帚自珍，用我的文章基本一字不易。难得的是，他看到我有文在其他报刊发表，还常常会在微信里发来几个愉快的笑脸，问："文章有删节吗？如果有，我可以再发一遍。"秋来纨扇合收藏，何事佳人重感伤，请把世情详细看，大都谁不逐炎凉！人走城空，本属常态，笔停墨不干，倒是罕见。我在任时，拥趸不少，光环褪去，多成路人。我很看得开，天下攘攘，皆为利往，世间有几人能抖落世俗的阴霾，活出一份独属自己的风采？到了我这般年纪，已经洞悉了世事变迁、人情冷暖。① 可是，"各色"的小平君却像一只啄食的鸟，常年与我保持距离；等我卸去身上甲胄，加入退休一族后，才变身一只萤火虫，提着暖灯进入我的生活，让我渐趋无趣的暮年有可能暗香浮动。

时下，人际关系的撕裂已成常态，一语不合，友谊的小船就可能倾覆。也是怪，我和小平君的交往并非一团和气，有时因为看法相左也会面红耳赤，但如风中飘舞的红叶，我们的争论构成了金秋另类的风景。我们不纠结谁对谁错，而是认真审视，不同的观点碰撞是否可以使我们面对阳光生长。② 有了

❶ 作者运用比喻的修辞手法，表达了小平君拥有着远离世俗的个性，字里行间洋溢着对小平君的赞美之情。

❷ 作者运用排比句式，将两人之间的温馨、和谐、默契淋漓尽致地表达了出来。

这个共识，一个关切的眼神，一句真诚的问候，一项热情的邀约，一缕理解的微笑，就会像初冬的暖阳，驱散弥漫在我们之间的薄雾，让山的轮廓更加清晰、海的壮美更加动人。我们彼此批评也彼此欣赏，彼此关注也彼此珍重。比如，他批评我的历史散文缺少新的发现。我不以为然，辩曰，面对浩如烟海的史籍，一篇万把字的散文能有什么新发现？考证真伪和挖掘史料是专家的事，作为文学表达，角度别致、情绪饱满、语言鲜活，能触发读者思想上的共鸣，足矣。① 我也直言批评过他的写作，刻板、过于书卷气，偶尔会流露一点点酸腐的味道。他则笑而纳之，言，从未有朋友如此臧否他的文章，还郑重其事地要求，下一本集子请我作序，一定要把这个批评写进去。鸿鹄燕雀，高下立见。他把友谊化成了一幅画，我们共同构图、共同着色，共同把它绘制成了气韵生动的山水长卷。"名人风度，诗人风采，君子本色，行者姿态"，这是国文先生对小平君的 16 字评价，窃以为然。其中的"君子本色"更与我心有戚戚。其实，小平君在 20 世纪 80 年代主持《北京法制报》副刊时，就曾在头题刊发过我的小说。只是那篇小说由人代转，我一直不知道是经他手发出的。② 这之后几十年，偶尔几次交集，小平君也从未说破此事。反而在我退休后，凡写作时遭遇困顿，他皆施以援手。赤诚坦荡，尽显君子之风。

近几年，小平君的散文和随笔创作渐入佳境，新

❶ 面对作者不自量力的"以下犯上"，小平君一笑置之，体现了海纳百川有容乃大的宽广胸怀。

❷ 对于人生意义和人生价值，小平君用实际行动进行了解答。作者的字里行间洋溢着浓浓的敬佩和感激之情。

作选出。我如约，为他这本新的散文随笔集作序。按照常理，本该就他的文章作法、美学风格、主题立意谈些感想，而我却对小平君的为人处世絮叨了一番。这并非闲来之笔，我们知道，小说要求作者将自己隐藏起来，而且藏得越深越彰显其美学价值。即便如是，在小说创作中，叙事主体也占据着举足轻重的位置，无论"叙什么"和"怎么叙"，都会受到叙事主体的叙事观念和人格个性制约，反映出叙事主体独特的审美趣味和文化品格。有如萨特所言，文学的写作活动就是文学主体对社会的一种介入。作者无法在写作中伪装中立，必须"在审美命令的深处觉察道德命令"。❶ 小说是虚构的艺术，它的美学特征决定了作者可以在一个虚拟的空间纵横驰骋；而散文和随笔更接近于写实，它要求笔下的人和事必须是真实的，是一个人内心情感的直接投射。

了解了小平君的为人，我们就得到了一把解读他作品的钥匙。

❷ 言为心声，文如其人。一般而言，性情偏急则为文短促，品性澄淡，则下笔悠远。心怀星空和大海，议论必豪放不羁、一泻千里；内心龌龊、阴暗，落墨就会滞涩、干枯。小平君的散文和随笔充满学术气息，是典型的学者型散文。他的"各色"体现在文章里，就是见微知著、风骨卓然。不是粉饰太平、矫揉造作的顾影自怜，更非居高临下、装腔作势的高头讲章。常能见人之所未见，言人之所未言，写出"韵外

❶ 作者运用了对比的修辞手法，从真实性角度对互换位置进行了对比，使读者对互换位置之间的不同有了更为清晰的认识。

❷ 每一篇文章的风格取决于每个人自身的性格和三观。作者运用对比的修辞手法，使读者对文风与性格关系一目了然。

之旨"。其次，小平君博学，他的散文和随笔有着非常扎实的功底。① 无论谈古论今，状人写物，抑或赏山乐水，下笔都有广博的知识打底、着色，宛如一幅幅丹青妙手笔下的山水，浓处精彩而不滞，淡处灵秀而不晦。行文尽得绘画之妙，用墨有如用色，高山流水，草木丛生，远近高低，浓淡相宜。读他的文章，即便是单纯地写人或状物，也能给人一种墨分五彩的幻觉。再有，小平君侠义、真诚，不趋炎附势，不市侩功利，这一人格特征体现在文章里，就是具有强烈的悲悯情怀和正义坚守，"宁可枝头抱香死，何曾吹落北风中"。有人把情感比喻成心之目，智慧是其中一只，悲悯是另一只。冷漠会使一只失明，如果再怨恨加身，就会全盲。② 只有心怀悲悯、坚守正义，心的眼睛才会穿透世间迷雾，照亮人生的来路与归途。无疑，小平君的情感清澈而睿智。

以上只是统而言之，笔者所以不再深入点评，除了篇幅所限，主要是怕笔力不逮，败坏了读者的阅读趣味。

补充一笔。在冯骥才先生画展的新闻发布会上，小平君和骥才先生意见相左，场合特殊，不可能详述其意。"各色"的小平君觉得言犹未尽，会后写了《冯骥才和他的画》一文，发表后寄给了这位文学与美术的双料大咖。骥才先生虚怀若谷，回信表示同意小平君立论，从此两人信函不断，结下了深厚友谊。骥才先生称，"被你采访，乃是一种幸运"。他评论小平君

① 作者运用比喻的修辞手法，论述了小平君的博学，字里行间充满了对小平君散文、随笔作品的高度赞誉。

② 作者从文学的使命、文学的责任角度，对小平君作品的情感进行了客观的论述，使读者对小平君作品的人性有了更加深刻的认识。

的文章：① "宛如行舟观景，美亦流畅。尤其文字，常见闪光，又如仰扫夜空，忽见星烁，目必一亮。才情如水，流泻日久，自成江河。"

　　小平君就是这样一个人。"他的老气横秋中有耿介，博古辩今中有才华，为文足堪品，为人尤可信，是罕有魏晋风度的当代文人。"（作家高洪波语）朋友是一个人的影子，小平君为人侠义、交友甚众。我猜想，他的人生底牌应该是一长串气味相投、才华横溢的朋友名录，如星空一样璀璨。当然，谁是你的朋友并不重要，重要的是——你是谁。花若盛开，蝴蝶自来。他以他的智慧、才学和侠义，把自己锻造成了璀璨星空中的一颗，虽然没有独步中天，却也流光溢彩。他的人生因此卓尔不凡。

　　很羡慕，"各色"的小平君拥有这样一片星空，星光璀璨。

● 冯骥才并未对小平君曾经的不同观点耿耿于怀，也没有进行恶意攻击，而是以星空作比，高度赞扬了小平君的才情。

延伸思考

1. 文中列举了小平君哪些"各色"的佐证？

_____

_____

_____

2. 简要总结小平君散文和随笔的特点。

_____

_____

_____

3. 作者为何说小平君"拥有一片星空"？

_____

_____

_____

★参考答案★

第一辑 冬日里的暖阳

【永远的微笑】

1.yì móu zhàn jiù

2.她太美了，明眸皓齿，秀发披肩，一身白色的西服套裙把一个青春女孩儿特有的曲线展示出来，尤其是那轻盈的步态，那被晨风轻轻吹起的长发，更使人感到了她身上洋溢出来的活力与安详。

解析：本题考查对文章信息的把握。直接在文中找出描写女孩儿外貌的句子即可。

3.那女孩脸上友善的、纯真的、甜美的微笑。

解析：本题考查对文章内容的理解。文章前面写了"他"跑步时遇到的男女都是表情冷漠、眼神高傲，给自己带来了不好的感受，使自己不敢去看时髦女郎，而只有这个女孩不仅外貌美丽，而且笑容纯真友善，显得与众不同，因此作者说"他的目光在女孩儿身上多停留了一会儿的全部原因在于：那女孩脸上友善的、纯真的、甜美的微笑"。

4.因为在陌生环境中，人与人之间缺乏友善和关爱，只有这个女孩毫不吝啬她的笑容，使"他"感受到来自他人的善意，对人恢复了信心，对生活恢复了热情。

解析：本题考查对文章内涵的理解。文章前面铺垫了作者在使馆区跑步的观察和感受，说明日常的跑步并不能使自己开心，并且自己已经习惯了陌生人之间的冷漠和不屑，这样就显得这个女孩的微笑格外珍贵，使自己卸下防备，恢复对人与人关系的信心，因此感到开心。

5. 平静友善地与之开玩笑，化干戈为玉帛。写这些是为了说明自己被女孩的友善纯真感染了，学会了微笑地对待生活，以乐观的态度对待所谓的不幸。

解析：本题继续考查对文章内涵的把握。前面写了女孩的微笑使"他"开心和陶醉，因为接受了来自陌生人的善意，才愿意把善意传递下去。这个变化使"他"明白了：当你向别人释放善意的时候，别人也会因为你而改变。因此发生了所写的这些变化。

6. 因为他学会了微笑地对待他人，他的微笑打破了与人的界限。

解析：本题考查分析和联想的能力。从前面作者写的"他"自从遇到这个女孩以后所发生的种种变化，可知人都需要来自他人的温暖和善意，并且面对他人所释放的善意，也愿意友好回应。那么当"他"像女孩一样，对陌生人报以微笑的时候，其他人也像当初的"他"一样，受到了微笑的感染，发生了改变。

7. 只要我们心中存有纯真、美丽，那么你就会把这美好传达给身边的每一个人，其他人也会把这人间的美丽回赠给你，你就可以享受这人间的美好。

解析：本题考查对文章主旨的提炼和升华。从"他"遇到白衣女孩儿，被白衣女孩儿的微笑所感染，然后学会了对他人微笑，进而改变了其他人这件事，我们可以联想到生活中的很多事都是同样的道理，只要我们向他人传递美好，别人也会将美好回馈给我们。

8. 读了这个故事使我如梦初醒，猛然间明白：只要你自己肯付出微笑，你就会享受到别人的微笑，带给你幸福。

解析：本题考查通过读文章反观自身的能力。通过这个小故事，我们看到生活中一点小小的改变，也能让自己的生活变得更加美好，我们可以借此反思自己的生活，明白我们自己也可以像文中主人公一样，对别人微笑，也会享受到别人的微笑。

【明天不封阳台】

1. 环境描写，我家没有封阳台，引出下文鸽子飞进我家，为封不封阳台做铺垫。因为封了阳台，可以阻隔住城市的喧嚣，开辟出一块活动的空间，但是，这鸽子便没有了安身立命的场所。

2. 说明大自然和人关系密切，是人类的情感故乡。

3. 点明主旨，与文章开头相呼应；作者通过让鸽子落脚而不封阳台这件事，表现了自己对待人与自然的态度；阐述了明天不封阳台的几个理由。

【飞天落脚的地方】

1. 在作者心里馒头柳就好比一位襟怀博大、品德高洁的智者，默默地向希望读懂它的人诉说着人生际遇、世事无常……

2. 敦煌小城给作者的第一感受就是一踏入自己那被城市生活沙化了的心田竟变得瑞泽了。

3. 作者认为不能把敦煌文物流失的责任归因到王道士身上，我们不能用一个完人的标准去审视他。只有把他放在当时的历史情节中去理解，才能得出客观公正的评价。

【目　光】

1. 因为黎庶昌先生对大清国充满了失望，在生命最后的时光里终日以泪洗面，一介翩翩名士最后成了一个疯癫孤寂的山间老叟。

2. 因为黎庶昌的目光犀利而智慧，能与时俱进。

3. 戊戌变法是在黎庶昌先生死后第二年爆发的。

【我的儿子叫"茌叔"】

1. 淡泊名利、特立独行、悲悯善良、成熟稳重等。

2. 因为作者站在门口，听到儿子沉稳、干练，完全没有孩子气的声音。

【耳　光】

1. 第一次流泪是感到委屈并怨恨父亲；第二次流泪是因为感受到父亲的爱。

2. 从这个故事中我明白，即使再小的恶事也不能去做，小的恶事做得多了，就会变成大恶，最终导致无法挽回的后果。（围绕"勿以恶小而为之""防微杜渐""不能纵容小的错误"等方面回答。）

3. 这句话形象地表达出父亲虽然没有给"我们"留下多少物质财产，但父亲教给"我们"的做人的道理使我们受益无穷。

第二辑　人生就是一场偶遇

【邻里之间】

1. 示例一：生活中随时都有温情难忘的画面，充满诗意，我们要用心感悟。示例二：我们的生活中有动人的故事，有难忘的温情，有美丽的景致，需要我们用心观察、感悟。

解析：本题考查句子含义。作答此题，可以从分析句子中的关键词入手，结合文章内容阐释。"诗"和"远方"指理想的生活，是人们向往的无限美好。"诗不仅在远方"，意思是人们向往中的美好不只是远方才有，不只是理想中才有，现实生活中随时可以感受到。我们生活中的动人故事，难忘的温情，美丽的景致，需要我们用心观察、感悟。"也在我们的生活中每时每刻生成"，联系全文内容理解"生成"。邻里间的和睦友好、互帮互助，让我们每时每刻都会看到人性的善良美好，生活中随时都有温情难忘的画面，充满诗意。这是作者的感悟，点明了文章主旨。

2. 先用第三人称，第三人称写法自由灵活，便于叙述所见所闻，再转换到第一人称，能更直接表达作者的思想感情，同时给读者以真切的感受。

解析：本题考查人称的作用。"丈夫""妻子"属于第三人称。文章开篇以第三人称叙述所见所闻，不受时间和空间的限制，能够比较自由灵活地反映客观内容。第⑭段"噢，对了，丈夫是我""我们住的小区叫'棕榈滩'"，文末转换到第一人称，使文章更具真实性，容易拉近与读者的距离，便于作者抒发情感，使读者能更具体地体会作者心情。

3. 运用比喻的修辞手法，形象地表现出患难时小高夫妇对我的关心帮助，更好地传达患难与共的意义，同时也抒发了作者对小高夫妇由衷的感激之情。

解析：本题考查赏析语句。"像一叶扁舟""信得过的水手"，比喻的修辞手法，前者形象地写出客居他乡，在妻子突然患病的情况下丈夫的无助。后者形象地表现出患难时小高夫妇对"我们"的关心帮助，与我们患难与共的意义。"信得过"抒发了作者对小高夫妇由衷的感激之情。

4.B

解析：本题考查对选文的理解和分析。ACD 正确；B 有误。⑥至⑦段是插叙，介绍了 30 年前丈夫的性格特点及来到三亚后的改变，前后形成鲜明的对比，突出了丈夫对三亚温馨和谐氛围的喜爱。因此，这两段从表现小说人物形象的角度来看，不能删去，故选 B。

【误会记】

1. 生活中我们不希望被人误解，常常是因为没有机会辩白。

2. 近视不仅让作者撞掉了自己的两颗门牙，还让别人误以为自己很清高，所以说近视让作者不仅身体受到伤害，还让作者的精神饱受折磨。

3. 作者把朋友当成黑车司机这件事。

【岁岁花开一忆君】

1. 抗美援朝战争爆发时期，15 岁的柳萌瞒着母亲考入中国人民解放军军政干部学校；四年后转业到《人民航运报》做编辑；1961 年成为内蒙古一名电信工，终日奔波在荒郊野外。

2. 注重情谊、品德高尚；珍爱妻子，对妻子忠贞不渝。

【我的第 N 任顶头上司】

1. 张胜友先生生气是因为我没有按时参加作协组织各单位负责人到国门宾馆学习。

2. 因为他的普通话虽然很蹩脚，但因为旁征博引、逻辑严密、语言生动、铿锵有力，再辅之以丰富的肢体语言和表情变化，极有感染力和理论高度。

【安娜小姐】

1. 安娜小姐是一个年轻、漂亮、勇敢、正直、尽职尽责的导游。

2. 本文采用欲扬先抑的写作手法，文章开篇便将作者对安娜的印象——刻板、冷漠呈现在读者眼前，后面便通过安娜的一系列行为，表现出与之前不同的性格——乐于助人、尽职尽责，使故事形成强烈的反差，给人以更深的印象。

3. 这不是刻板，而是工作极度认真负责的表现。

【卖玫瑰的女孩儿】

1. 第一对青年男女不仅没有买花，反而把花扔到地上；第二对青年男女却买了被扔到地上的花。作者运用对比的手法，将两对青年男女的行为对女孩心灵的触动表现了出来，加强文章的艺术效果和感染力。

2. 学会关心、尊重他人，要对他人存有善意。

【老胡说他不姓胡】

1. 因为作者当初看他凶巴巴的样子，长得又有点像《沙家浜》中的胡传魁，便给他起了这个绰号。

2. 老胡六十开外，肥头大耳、五短身材、皮肤黢黑、将军肚儿，远处一看，像半截没烧透的木炭。

3. 作者买菜时，手机滑落出来，正巧被随后从早市出来的老胡看到拾起，交给作者。

第三辑　放下匆忙的脚步

【你是排长我是兵】

1.（2）老韩向我约稿，我的作品获奖；（4）有人请托稿件，老韩严词拒绝

解析：本题主要考查文章的筛选概括能力。第⑤段主要写"我"请老韩帮忙做宣传，他不要劳务费；第⑥段可概括事件为老韩向我约稿，"我"的作品获奖；第⑧段主要写老韩继续跟"我"约稿，稿件无一退还；第⑨段可概括事件为有人请托稿件，老韩严词拒绝；第⑩段主要写老韩退休后参加各种活动，发挥余热。据此概括即可。

2.（1）"风轻云淡"是轻描淡写的意思，生动形象地写出了老韩向"我"约稿时轻松平淡的样子，表现了老韩对"我"的认可和信任。

（2）运用排比的修辞方法，回忆了排长关爱、帮助、鼓励"我"的三个场景，表达了"我"对排长的感激、怀念之情。句式整齐，增强语言气势。

解析：本题主要考查词句的赏析。（1）中的"风轻云淡"是形容老韩给"我"打电话约稿时候的语气很轻松，也能体现出他深沉不张扬的性格特点；联系第⑨段老韩义正词严地拒绝不合格的稿件可知，此句写老韩很轻松向"我"约稿，侧面表现老韩对"我"才能的认可。据此分析即可。（2）句子中连续用了三个"忘不了……"的句式，三个排比句生动形象地刻画了排长关爱、帮助、鼓励"我"的情景。

3.示例一："我"听到老韩肯定、支持"我"的写作计划后，"我"想到了美好的未来。

示例二：运用比喻的修辞方法，把自己比作一只雏鹰，生动形象地表达了"我"对未来满怀憧憬和信心，体现了老韩对"我"的帮助之大。

解析：本题主要考查句子的含义理解。有了老韩的鼓励和支持，"我"有信心在文学的天空里自由飞翔，所以把自己比作一只雏鹰。

4. "他是排长我是兵"：初识老韩，因他和我的排长身份、长相等相像，产生敬畏之情。

"你是排长我是兵"：在我的成长道路上，老韩慧眼识才，无私引领、扶持、鼓励我不断成长，表现出老韩的磊落和风骨，我对老韩敬重有加。第二人称，更加亲切自然，表达了我对老韩的感激、怀念之情；人称的变化体现了我对老韩情感的变化。

解析：本题主要考查人称的作用。根据文章能够分析出作者对老韩、排长的感激及怀念之情，所以人称的变化也代表了情感的变化，使情感变化更加自然，便于抒情。据此分析即可。

【优优的眸子】

1. ①"眸子"是行文线索。从单纯无邪到笼罩着一层阴霾，全文围绕"眸子"行文。② "眸子"反映了孩子内心世界的纯净，传递了孩子世界的美好与希望；"眸子"的变化，反映了文章的主题：成人世界的龌龊与欺诈，给孩子的世界蒙上了阴影，社会需要信任。

2. 我认为是散文。①散文强调真实性与抒情性，本文通过对现实生活中某些片段或生活事件的描述，表达作者的观点感情，并揭示其社会意义，字里行间充满感情。②本文不具有完整的故事情节和典型的人物形象，借"我"和优优等小朋友的交往片段，在真人真事的基础上加工创造而成。③文中的"我"是作者自己，围绕"眸子"，写了"我"和优优的故事，还写了其他孩子，符合散文"形散神不散"的特点。

【穿上军装见班长】

1. 老班长因被认为有名利思想才未被提干。

2. 四个兜的干部装，意在提醒作者吸取他的教训，踏实做人、做事，切勿因一己之私做出令自己后悔之事。

3. 作者与老班长一起打过山洞，是患难与共的兄弟。老班长非常照顾作者，不断给予作者关爱和真诚的激励，所以才说老班长给了作者"一捧人生的阳光"。

【有一种分别叫眷恋】

1. 因为炳华同志知道作者出国机会很少，特意为作者选择了文学底蕴丰厚的国家，便取消了亚洲某国的出访。

2. 示例：从"席间，他和大家相谈甚欢，一点儿也不摆谱"，可以看出他和蔼可亲、平易近人的人物形象。

【华丽中的转身】

1. 报告文学着力描摹生活中每一道艰辛的皱纹；小说则像写意山水，在追求形似时更在意神似。

2. ①关注现实，直抵社会生活的病象；②人物性格塑造鲜明；③故事生动且故事性强。

3. 报告文学以重大事件和社会问题为题材，全景式俯瞰、哲思式议论。小说要求切入的角度越小越好，要求通过人物的命运来折射时代的发展与社会变迁。

【庄市河随想】

1. 庄市河的打通和拓宽；庄市地势平坦、风景秀丽；庄市人非常重视教育。

2. "庄市所以人才辈出，是因为水好"，一方面是因为有了庄市河，开阔了庄市人的眼界，促进了庄市的经济发展，引导着宁波人走向了世界；另一方面是因为庄市河中有一条守护庄市人的龙。

第四辑　放飞遐想的心

【路边有个剃头匠】

1. ①点明文章的写作对象是剃头匠，以及工作地点是在路边。②暗示主人公家境的困苦和生活的艰难。③设置悬念，易于吸引读者，激发读者的阅读兴趣。

2. ①情节：交代剃头匠并不快乐的原因，为下文我对他寄予同情的同时又顿生敬意的情节，以及他的儿子站出来保护父亲的情节做铺垫。②人物：借助与"另一个剃头匠"的聊天内容侧面反映了主人公的善良厚道，使主题更加丰厚。

3.【A】"木然"表现了剃头匠因家庭经济负担过重和得不到儿子的尊重而内心感到不快乐。"欣慰"表现了他因生意有了进项而感到满意、宽慰。

【B】神态描写，表现了剃头匠因为儿子在大庭广众之下承认自己并在自己受人欺负时出面维护的激动和欣慰之情。

4. "耻于说老爸是个路边剃头匠"是剃头匠的儿子作为学生时虚荣心的表现；"我告诉你，他是我爸爸"是他面对外人欺负父亲时，作为儿子，承担起保护父亲责任的表现。这反映了剃头匠的儿子思想的变化，他从打零工的生活体验中，理解了父亲赚钱的不易和工作的辛苦，改变了对父亲的看法，并克服了虚荣心，懂得了尊重父亲。

【诗人的白发被风吹起】

1. 这句话是说人生这部大戏，一旦拉开序幕，不管你如何怯场，都得演到戏的结尾。戏中我们爱犯一个错误，就是总把希望寄予明天，却常常错过了今天。过去不会重来，未来无法预知，我们唯一可做的，就是不要让今天成为明天的遗憾。人生没有预演，我们迈出的每一步都应是弥足珍贵的。

2. 徐刚说过人类最大的教训就是永远不能从教训中去汲取教训。

3. 徐刚的笔墨依然挥洒在山川河流之上，长天大地之间，或歌，或泣，或咏，或叹，皆心之所想，情之所至，袒露的依然是一位诗人的赤子情怀。时下，以笔为文的多了，以血为文才显得稀罕。徐刚的散文是杜鹃啼血，是羔羊跪乳；他因为山河的破碎而恸哭，因为大地的恩赐而长跪。有了这血与跪，他的诗文便有了魂魄，有了风骨，有了一位真情诗人的愤懑与悲悯，有了凡人所不及的格局与气象。

【荷花吟】

1. 荷花紧紧依偎着绿叶，昂然挺立，面无惧色；清秀、雅洁、可爱。
2. 无私奉献、高洁、顽强、牺牲精神。

【领悟悲壮】

1. 吉鸿昌将军为抗日而死，要死得光明正大，不能倒下，以此表达将军抗战的决心和大无畏精神。

2.吉鸿昌将军一心抗日却欲生不能，壮志未酬，但依旧从容赴死，此等境遇意为"悲壮"。

3.屈原投江、荆轲刺秦、岳飞饮恨风波亭。

【花儿在春天绽放】

1.作者多次引用各家的诗句或名言，将春天生机勃勃充满生命力的特点描绘得淋漓尽致。

2.表面含义：花儿在春天竞相开放。深层含义：个人和国家在经历挫折、苦难后，终会强大起来，重新焕发光彩。

【他拥有璀璨的星空】

1.①小平君坦言冯骥才的画并不符合文人画特征；②小平君以其外祖父曾被冯友兰先生举荐，"套磁"先生出上联；③小平君坚持认为谢烨并非顾城所杀。

2.①典型的学者型散文；②常能见人之所未见，言人之所未言，写出"韵外之旨"；③文学功底扎实，可谈古论今，状人写物，抑或赏山乐水；④行文尽得绘画之妙，用墨有如用色。

3.小平君以自己的智慧、才学和侠义，把自己锻造成了璀璨的星星，所以他拥有一片星空。

― 中高考热点作家 ―

中考热点作家

序　号	作　者	作　品
1	蒋建伟	水墨色的麦浪
2	刘成章	安塞腰鼓
3	彭　程	招　手
4	秦　岭	从时光里归来
5	沈俊峰	让时光朴素
6	杜卫东	明天不封阳台
7	王若冰	山水课
8	杨文丰	自然课堂——科学视角与绿色之美
9	张行健	阳光切入麦穗
10	张庆和	峭壁上，那棵酸枣树

高考热点作家

序　号	作　者	作　品
1	王剑冰	绝版的周庄
2	高亚平	躲在季节里的村庄
3	乔忠延	春色第一枝
4	王必胜	写好你心中的风景
5	薛林荣	西魏的微笑
6	杨海蒂	北面山河
7	杨献平	人生如梦，有爱同行
8	朱　鸿	辋川尚静